日本仏教の近世

大桑斉

法藏館

日本仏教の近世＊目次

日本仏教の近世

本書は、随時行なった講演の記録を編集再録したものである。講演の場所、年月日や掲載誌は巻末に一覧を付した。再録のために、一部の講演で、冒頭の挨拶的な文言や各講演間で重複の著しい部分を削除または圧縮し、見出し項目を整理、修正するなどの変更を加えたものがある。また、読者の便宜を図るため、文献の名称や出版事項、講演後の新しい研究動などを補う注記を加えた。ただし趣旨に関しては、最初に掲載されたものに変更を加えてはいない。

日本仏教の近世

はじめに

禅研究所というようなところで話をさせていただく、真に光栄な機会を与えていただきまして、果たしてご期待に沿えるような話ができるやら、大変心配をしております。とくに現代仏教の根底としての近世仏教、さらには現代仏教、禅の現代的意義、こういう総合テーマの中で、近世の問題を現代仏教の根底にあるものとして考えるということで、私のほうにお鉢がまわってまいりました。私の著書の『寺檀の思想』の中では、家と仏教の問題とか、あるいは地域と寺院の問題とかを論じましたので、廣瀬良弘先生からそういう話もしてくれと、こういうご注文でございましたが、何しろ今から二十年ほど前に書いた本でございまして、以来そういう実証的といいますか社会史的な研究からだいぶ離れてしまいました。そして今またそれを思い出して話をするのは、大変面倒だというわけでございます。したがって、現在行っております思想史関係のことを中心にと、今回の講演を考えております。それをお話するだけで与えられた時間が足りなくなるかなと思います。それで、今日はとくにこの十年ほどの間やってまいりました思想史関係のところを中心にしてお話をさせていただこうと思います。

この十年ほどの間に私が書きました思想史関係の論文は、おそらく十本以上になるかと思います（巻末「参考文献一覧」参照）。その十本ほどの論文を一時間半の間にまとめて全部ご紹介するというのはなかなか至難の業でございます。したがって話が大変粗っぽいことになろうかと思います。それで史料を一応お配りいたしました。本当は史料も一切使わないでと思ったのですが、やはり思想の話になりますと、どういう言葉で語られているかがわからないとイメージがつかめませんので、必要最小限のものだけ出しました。他にもプリントにないような史料を、いろいろとご紹介するようなこともあろうかと思います。そういう意味で大変わかりにくいことになろうかと思いますが、そのへん、あらかじめご了承のほどよろしくお願いいたします。

一　近世仏教への視点

本日のお話は、江戸時代を仏教的世界と見ることができないかという提言を中心にしたいと思っております。実際そのような名前の論文を最近書いたわけでございますが、そういうように見ていくことが大変重要であろうかと考えております。そして江戸時代が仏教的世界であるというように考えていくことから、今まで見えなかったものがいろいろ見えてくると、そういうことをお話ししようと思います。

そこで、「仏教的世界としての近世」（「参考文献一覧」論文⑦）という題名でもよかったのですが、すでにそういう題名で論文を書いておりますので、同じことをまた蒸し返すのもどうも気が進まない、どういう題名にしようかと考えた挙句に、「日本仏教の近世」というタイトルにさせていただきました。史料のほかにレジュメを一枚つけまして、お話をする概要、主な項目を列挙したようなものでございますけれども、挙げておきました。そこに、「視点」といたしまして、「中世日本仏教が近世を迎えたときどうなったか」と、こういう言葉を書いておきました。「日本仏教の近世」という題名はそういう意味合いでございます。中世に日本仏教として集大成されたといいますか、最高峰まで上り詰めた日本の仏教が、近世という時代を迎えたときに、一体どうなったのだろうかという視点で考えてみてはどうかと思った次第です。自分で言うのも変ですが、今までそういうことに考えつかなかったわけですから、これは我ながらいいタイトルだ、といささか自画自賛しているわけです。「近世仏教」という視点で従来考えられて参りましたが、それは近世における仏教という意味合いの言葉でございます。そうしますとそこでは、仏教というのはお客さん、客体という感じがいたしまして、仏教という主体が江戸という時代とどのように向きあったかという把握のしかたではなくて、近世という時代が主体になって、それによって仏教が変容させられたという、こういう視点でしか考えられていません。そうではなくて視点を仏教のほうに移して、仏教が江戸時代を迎えたとき一体どうなったか、こう言い換えることによって、いろいろなものが見えてくるような感じがするわけです。

近世における仏教、「近世仏教」という視点で見ていきますと、結局その仏教は統制され、あるいは権力に奉仕し、そして寺檀制度の上にあぐらをかいて安住していた、つまるところ堕落したのだという、こういう結論にどうしてもなりがちになってしまいます。レジュメに「堕落論」という言葉を書いておきましたが、これは近世仏教というものを初めて歴史の研究の座に据えた辻善之助博士の『日本仏教史』全十巻のうちの近世編の中で、近世仏教は堕落したんだという言葉が使われていることによっているわけであります。戦後まもなく出版され、以来、近世仏教堕落論というものが、いわば定説として存在いたします。

それに対して近世仏教を研究しようという研究者は、何とかしてこの辻善之助の堕落論をひっくり返そうと一生懸命になったわけです。そういう人たちが集まり、『近世仏教』という雑誌を同人誌で十冊ほど刊行したことがございます。それは、われわれのひとつ上の世代の人たちが集まってやった雑誌です。雑誌『近世仏教』に、実は私の最初の論文を載せていただいたのであります。そして第一次の『近世仏教』が終わり、次にわれわれの世代が、今度は第二次の『近世仏教』という雑誌を興しました。これがなかなか、実はうまくいきませんでした。*

＊雑誌『近世仏教』は伊藤唯真・北西弘・薗田香融・竹田聴洲・千葉乗隆・藤井学を同人として一九六〇年五月に創刊され、一九六五年六月に第十号を刊行して解散した。発行所は京都の永田文昌堂。第二次は十六人の同人で一九七九年四月に復刊一号（第四巻一号）を刊行し、ほぼ十年かかって一九八八年一月に第七巻合併号（通巻二十一号）を出して解散した。発行は同朋舎。

なぜうまくいかなかったかというと、結局、その近世仏教堕落論をどう乗り越えるかという視点が、なかなか見つからないわけであります。そこで、堕落論に対して堕落してないんだ、生きて働いているんだ、近世仏教は生きた機能を持っているんだということを一生懸命力説しようとしたわけです。ところが、それが、本当に生きた機能というか、近世仏教の生きた姿というものを描き得たかということになると、まことに心許ないわけでありますそしてつまるところが現世利益ですね、そういうものとして生きていたのではないかというところへいってしまう。そういうものであるならば、生きたということは結局、堕落論の裏返しにしかならないわけです。あるいは、思想史的な側面からは江戸時代に仏教が意味を持っていたとするならば、それは封建社会という時代を超えて近代へ向かっていくような近代的な人間を生み出す、そういう働きを持っていたと評価できないか、そのように評価したかったわけです。そういう方向で一生懸命、新しい史料の発掘を試みてみました。しかし、やってみても果たしてそういう近代的な人間を生み出したという、そういう評価に耐えうるような事実が発掘できたかというと、きわめておぼつかなかったわけです。そういうようにして何とか堕落論を乗り越えようとしましたけれども、それがうまくいかない、ということで、第二次『近世仏教』は何とか十冊を出しましたが、どうも成功したとは言いかねるような結果に終わってしまいました。

そこで思い切って視点の転換をはかっていく、日本仏教が近世を迎えたらどうなったかという、こういう今回の視点になるんじゃないかという気がするわけです。それをもう少し詳しく言うならば、これもレジュメに書いておきましたが、「近世人の課題との対応における民衆仏教の形成」という考え方で見ていくことができないだろうかと、こう考えたわけであります。つまり、近世の人間は一体どういう課題を背負っていたのか、それをどのように解決しようとしたのか、このように考えていきますと、近世人にとって問題を解決していくパラダイム、つまり論理の枠組みですが、それは実は、仏教しかないいんじゃないだろうかと思えるわけです。近世人にもさまざまな階層がありますが、一般の民衆というレベルでものを考えていけば、一体、江戸時代の普通の人々がものを考えるときにどういう言葉で考えたのか、どういう言葉で考えたかということは、どういう論理の枠組みでものを考えたかということなのですが、結局、仏教語でしか考えることができないのではないかと思っております。

ごく一般的な常識といたしまして、江戸時代は儒教の時代である、朱子学の時代であると言います。それじゃ一体、本当に朱子学というものが、一般の人々がものを考える枠組みとして定着したことがあるのだろうか。どういうことをもってそういうことが言えるのだろうと、考えてみますと、なかなかそうはいかないいんじゃないかという気がするわけです。儒教というものが江戸時代に一般化したということの中身を考えますと、結局「忠」とか「孝」、すなわち倫理道徳という側面では、儒教は確かに受容されております。しかし儒教が果たして今言いましたような、ものを考える枠組み、パラダイムとして本当に人々の間に働いていたのか、こういうことが未だ論証されていないだろうと思います。

江戸時代に儒教と仏教のさまざまな論争がありますが、その中で大きな問題になりますのは死の問題、あるいは後生の問題、死後の問題、こういう問題について儒教はどういう解答を与えたかというと、おそらく人々が納得のできるような解答ではなかろうと思います。有名な言葉で「現世安穏、後生善処」、中世仏教にも近世仏教にも至るところに出てくる言葉です。中世以来、一般的な民衆の願望を示す言葉で、近世になってもこの言葉が出てくることは変わりません。現世を安穏に暮らし、命終わった後には善いところへ、極楽へ、浄土へ生まれたいと、これが人々の願いです。この「後生善処」ですね、ついに儒教は「後生善処」に、ほとんど解答らしき答えを持ち合わせておりません。それから「現世安穏」ということについて、果たして儒教が解答を与えてくれるであろうかと問いますと、これもきわめて危なっかしいんじゃないかという気がします。儒教はそういう意味では果たして定着したかというと、きわめて危ういだろうと私は思いますし、やがてそういう儒教が、たとえば「天道思想」というようなものに姿を変えてまいります。この「天道」という考え方も、ご存知なように広く使われています。一体「天道」というのは何かというと、儒教の概念も借りてまいりますが、「天道恐るべし」とか、あるいは「天道に任す」という言葉のように、運命を司る主宰者としての天道、こういう考え方が「天道」という概念、あるいは「天」という概念です。するとこの「天」というのは確かに儒教の、絶対的な原理というものに、たとえば「理」というようなものに非常に近い考え方を持っていますが、やはりその「理」が因果応報を司り、あるいは天罰を与えると、こういう考え方は儒教であるよりは、やはり本来仏教の考え方であろうと思います。だから儒教が通俗化して天道思想というものになっていった場合に、たちまちそれが仏教的なものの考え方と合体してしまうわけです。

他の宗教でいいますと、神道はどうでしょうか。確かに江戸時代に神道は、中世に比べて非常に大きな力を持ってまいりました。しかしこれもやはり、「現世安穏、後生善処」という問題にどう解答を与えていくかとなると、なかなかそこへ至ることが難しいであろうと思います。そして神道が最も影響を持ったのが、「正直」であるとか「素直」であるとか、やはり倫理的な側面において一定の意味は持ってはおりますけれども、「現世安穏、後生善処」というようなところにはなかなかいかないのであります。

そのほか民衆思想として心学が生まれたり、あるいは民衆宗教が生まれたりいたします。しかしこれらも仏教と別物であるかというと、どうもそうではない。むしろ仏教の言葉を使い、その論理を組み替える形で生まれてくるものであります。江戸後期になり大きな力を持ってきた国学はどうかというと、これもやはり「後生善処」の問題に解答を与えることはできません。ですから、国学から展開した平田国学というものが、幕末になるとほとんどが土着信仰と習合し、平田神道という宗教になって、その中で救済論を展開していくわけです。とくに下総あたりに展開した平田国学というものは、ほとんど救済宗教に変わろうとしました。つまり人々の後生という問題を受け取っていく、そういう方向へ国学が変わっていくわけです。

そんなことを考えていきますと、さまざまな思想や宗教が江戸時代に展開していきますが、それがこの「現世安穏、後生善処」という問題にどれだけの解答を与えたかといったとき、疑問的にならざるを得ないわけです。そういう意味で、仏教が近世を迎えたときに人々の課題解決のパラダイムとなって、そこでかえって仏教というものが明らかになっていく、かえってその意味合いを増してきたのではないのかなと思うわけです。前置きのところでずいぶん時間を費やしましたが、そういうものとして近世に仏教というものがあったと思います。

二　権力者と仏教

戦国の乱世を統一した政権は、人々の宗教的要求を解決しようとしてまず仏教に注目をしてまいります。そこにその権力者たちが、次々に神格化するという問題が生まれました。

信長は自ら生きながら神になったといわれております。この問題は時間の関係もありますので省略させていただきますが、秀吉、家康いずれも死後に神になってまいります。そこで、なぜそのように権力者が神格化するのかという問題を考えなくてはいけないわけです。

そのために、豊臣、徳川政権が仏教に対して行ったことを見てみますと、その一つの基本的政策に、権力的に教団を解体するということが挙げられます。具体的には、信長による比叡山の焼き討ち、それから最も大きなものは一向一揆との対決において本願寺を屈服させたということです。それから高野山の圧服ですね。こういったものがすぐ連想されます。いずれもそれらは武力でもって中世教団を権力的に屈服せしめた、こういうことがまず、近世という時代の始まりに存在します。

統一政権と呼ばれる信長、秀吉、家康の政権というものが、そのように宗教教団を弾圧したのはどうしてなのかと考えていくとき、一向一揆という問題から考えることが有効です。一向一揆は民衆の宗教的統一戦線であったと考えるならば、その対極の統一政権といわれるものは、侍という身分あるいは階級、あるいは、社会経済史的な呼び名から言えば封建領主、こういう人たちの連合体です。それに対し、侍以外のすべての身分が、侍と戦うために結集した、その核になったのが一向一揆なのです。だから一向一揆と信長が戦った石山戦争は、侍対百姓の決戦という意味を持っています。そしてその結果、侍階級が百姓身分を制圧しました。私はこれは、一種の征服戦争であろうと考えます。侍という身分が、日本列島を征服したのだということです。日本列島の全住民を征服し、そして被支配者、被征服民にしてしまった、こういう戦争であったと私は考えています。

そうしますと、その中核になった教団、これは解体されねばなりません。中世の教団は、僧侶と信徒が未分化のままに結びついています。どこまでが僧侶身分でどれが信徒か、どうもはっきりしません。これは各地の村々に道場を構えて、俗人でありながら宗教行事を行っています。本願寺教団の場合は典型的ですが、毛坊主と呼ばれる存在がありました。一体、これは僧侶身分なのか俗人なのかわからないわけです。あるいは高野聖、あるいは在村の末端修験者……、僧侶なのか俗人なのかわからないこういう人が一体となって、中世教団を形成していたわけです。百姓を屈服させ征服した統一政権は、これを僧侶身分とそれ以外の身分にきっちりと分けていきます。それが僧俗分離といった政策です。各地でそういう政策が行われていき、そして僧侶身分だけを教団として統制していくわけです。僧侶身分から切り離された信徒、百姓身分は、新たに農、工、商という身分として編成され、各地の大名によって支配されました。そういう形で信徒を教団の支配から切り離してしまいました。そして信徒から切り離された僧侶身分だけを寺の中に閉じ込め、そしてその寺を本末制という形でもって統制していく。そのようにして信徒から切り離して僧侶身分だけを寺に閉じ込め、そしてそれを本山によって統制させれば、宗教教団は統制することが可能なわけです。信徒である民衆は各地の大名が支配していきます。このようにして僧俗分離を行い、中世教団を完全に分断します。

ところがそのように教団を封じ込めると、人々の信仰、「現世安穏、後生善処」という願いを、統一権力はかなえることができるのかという問題に突き当たります。現世安穏、これはある程度かなえることができるかもしれない。豊臣政権の段階、つまり桃山文化の時代を、『慶長見聞録』という書物は「今は弥勒の世なりけり」という言葉で賛美しております。五十六億七千万年後にこの世に現れると考えられた弥勒菩薩が今現れて、人々の願いをすべてかなえる時代であると、こういう幻想が振りまかれていくわけです。ですから、現世安穏は一応できる限りかなえることができたとしましても、後生善処、この問題を統一権力はどうしてもかなえることはできません。そこで統一政権は、権力者が自ら神になることによって、人々の後生まで支配しようとした、これが統一政権の権力者が神になっていった理由であろうと考えます。

そこで具体的に見ますと、秀吉は最初、大仏殿を建立しました。そして大仏殿に千僧供養と称しまして、全教団の僧侶を出仕させ大法要を営む、という形でもって大仏による教団統制を行ってきます。ところがこの大仏が、文禄の地震で壊れてしまいます。秀吉の側近にあった西笑承兌という禅僧が「仏力柔弱」と、何と仏の力の弱いことかと言って大仏に見切りをつけ、そしてそれに替えて迎えたのが善光寺如来です。この善光寺如来は戦国の時代にあちこちを流浪しておりますが、ある日この善光寺如来が秀吉の夢枕に立ち、京都の阿弥陀ヶ峰という山の下に迎えられたいと、こういうことを告げるわけです。そして夢のお告げということを口実にして、善光寺如来を京都の阿弥陀ヶ峰の下へ迎えることになります。現在の京都駅の一本北側の七条通りを東のほうへずっと真っ直ぐに行きますと、智積院というお寺へ突き当たります。その後ろに京都女子大があります。そのさらに後ろのとんがった山、それが阿弥陀ヶ峰です。そこに秀吉の墓が現存しております。以前、大河ドラマで秀吉をやったとき、子供が石段をダーッと駆け上がって行き、ぴかっと光る場面がタイトルになっていました。あの石段が、実は秀吉の墓所に上がるところです。その阿弥陀ケ峰の麓に、大仏殿があったわけです。そこでこの夢のお告げということを口実にして、善光寺如来が大仏に替わって大仏殿に安置されます。善光寺信仰というものは、中世の民衆信仰で、生身の仏、生き仏の信仰なんですね。そういう生身の仏の善光寺如来、そういう民衆の信仰を集めた阿弥陀如来、一光三尊の阿弥陀仏を大仏殿にすえつけることで、教団に代わって民衆の信仰を統制しようという、こういう意図をもったと考えられます。

然るに何を思ったか秀吉は、亡くなる一日前にこの善光寺如来を返してしまう、大仏殿を空っぽにしてしまうのです。そして彼が死んだ後に豊国大明神という神になります。豊国大明神とはよく正体のわからない神で、朝廷からこういう名前を与えられるのですが、こういう神は歴史上初めて出現した神ですから何の基盤も持たない、どういう神であるかもよくわからない、正体不明の神さまですね。そういう神であったために、結局大きな力を発揮することはできませんでした。ただし、秀吉の遺骸は阿弥陀ヶ峰に葬られます。善光寺如来を追放して、秀吉自らが阿弥陀ヶ峰の主となって、いわば阿弥陀さまの代わりとなっていくのです。阿弥陀ヶ峰に登っていただきますとすぐにわかりますが、目の下に見える国立京都博物館が大仏殿の地で、さらにその向こうに東本願寺、そして西本願寺の大きな屋根が見えます。秀吉が死んだ段階では、まだ東本願寺はございませんが、阿弥陀ヶ峰からは、一直線に目の下に本願寺が見えます。山の上から本願寺をにらんで阿弥陀として存在する、これが秀吉の神格化というものでしょう。そういう形で、秀吉が民衆信仰を何とか統制しようとするわけです。

それから家康の場合は、彼自身が日課念仏を行ったりして浄土信仰を持っており、「厭離穢土、欣求浄土」という言葉を大書した旗印を掲げます。前に家康の出身地である岡崎にまいりましたとき、バスで岡崎の町に入っていく入り口にロータリーがありまして、そこに交通安全の標識が立っております。その裏へまわりますと、「厭離穢土、欣求浄土」と書いてありまして、何とすごい街だ、こんなスローガンを掲げる街はそうはないだろうと思いました。また関ヶ原の戦場の跡に、ウォーランドという見世物がありますが、その家康の陣地には「厭離穢土、欣求浄土」の旗がちゃんと立っています。家康はこの旗印を立て、「現世安穏、後生善処」をスローガンにして、天下統一を試みるのです。

そういう家康が亡くなった後に東照大権現という神号が贈られるわけですが、その東照大権現号に天海大僧正が意味を与えてまいります。それが『東照大権現縁起』という書物として残されています。それによると、かつてお釈迦さまが霊鷲山で説法をされたとき、最澄もこの説法に連なりました。天台宗の開祖である最澄もその前身はお釈迦さまの弟子であったのですが、その最澄と一緒に、これも前身がお釈迦さまの弟子であった桓武天皇が霊鷲山の法座に連なり、治国利民の法を授けられた。そのようにして仏法と王法が一体となって、最澄と桓武天皇にお釈迦さまから授けられた。それが天照大神へ伝授される。その天照大神は、根本の神であり日光の神である山王権現の生まれ代わりである。そして東照大権現も日光に祀られたように山王権現の生まれ代わりである。こうして山王権現、天照大神、東照大権現が一体になって、仏法と治国利民法を伝える。そういう考え方でもって『東照大権現縁起』（『慈眼大師全集』所収）というものが作られるわけです。各地の大名がそのような東照権現を勧請していく。そうすると、この治国利民というスローガン、これが各地の大名の政治理念として使われていくことになっていくわけです。おそらく江戸時代の大名たちは治国利民という仏教の政治理念、仏教によって国を治め民衆を救済するという理念を、何がしか継承しているわけです。そういうことでこの三人の権力者、とくに秀吉、家康の神格化という問題は、明らかに民衆の信仰の後生善処といった問題をどうするかと問い、自らが仏あるいは神になって、その問題を何とかしようと、こう考えたわけです。

しかしながら今申し上げましたように、豊国大明神にしろ東照大権現にしろ、民衆の後生までを支配するような、そういう神になることはできなかった、そういう教学を生み出すことはついにできなかったわけです。世俗権力のままでは、民衆の後生を支配できないものですから、自らが神格化することによって民衆を支配しようとするけれども、結局それには成功し得ない。このようにして権力が仏教に注目したけれども、権力自体が仏教化することはなかなか難しい、こういう問題に突き当たりました。

そこで次の段階で、元来、征服政権、軍事政権であった権力が、政権の正統性を確立して民衆の支持を獲得しなければならないという問題に直面してまいります。徳川幕府では家光段階です。徳川家康の政権までは、これは簡単に言えば征服政権、あるいは軍事政権です。軍事力でもって無理やりに権力を簒奪した政権であります。ですからそういう軍事政権である限り、これは合法性をもち得ないわけです。何とかして合法政権にならなくてはいけない。そういう課題を徳川幕府は抱えているわけです。そこで家光時代には、幕府の官職・制度を整備して国家機関としての体裁を整えていく、そういうことを盛んに行いながら、それと合わせて徳川政権が、正統な政権であることをどうやって人々に納得させるか、こういう問題が関わってくるわけで、徳川政権それ自体は、ついにそういう論理を自ら発見することはできないわけです。

そういうときに、たとえば鈴木正三のような人々が、民間から、幕府以外のところから、まことに幕府に都合のよいイデオロギーを言い出してくる。実はこれは、カリフォルニア州立大学のヘルマン・オームス教授の『徳川イデオロギー』（黒住真・他訳、ぺりかん社、一九九〇）という書物の中に展開された考え方でございます。正三の思想が徳川幕府の正統性を説明するイデオロギーであるというところまではこのオームス説と一致するのですが、私は正三の考え方は、政権の正統性に関して民衆との社会的合意を生み出すものであると考えました。しかし、ヘルマン・オームス教授はそんなことは問題にならないといって、頭として受けつけてもらえませんでした。それはともかくとして、私は政権の正統性というものは、人々が納得するような方法で説明されなければ、政権としての安定性は持ち得ないだろうと思います。

そこで、鈴木正三職分仏行説、厳密には職分仏行役人説と言わねばならないのですが、「農業すなはち仏行なり」、というような言葉がございます。あるいは農民は「世界養育の役人なり」という言葉もあり、一鍬ごとに南無阿弥陀仏と念仏を唱えて農業をするならば、田地も穀物もすべて清浄なものになっていくだろうと言うのです。そのようにすべての職分はみな仏行・菩薩行であり、現世を安穏にしていくための職分として、農民なら農民、商人なら商人、あるいは職人なら職人の仕事があるのだ、そのおのおのの職分を全うさせる、そういう職分として武士階級が存在する。つまり、治安を維持する。そういう治安維持の職分を持ったのが武士である。その武士の組織が徳川幕府である、というように徳川幕府の正統性というものが、職分仏行役人説というものをベースにして一般民衆の間に承認されていく。そういうイデオロギーを形成したのが鈴木正三である、こう考えることができるわけです。

そこで、その問題がさらに展開して、私がこの二年ほど取り組んでまいりましたのが、『松平崇宗開運録』という書物です。書名のように、松平家が浄土宗を崇敬したことによって運を開き、天下を取ることができたと説いている書で、巻の中あたりから徳川家康の一代記を語り出します。その中で、徳川家は阿弥陀仏から天下を与えられる運命にあるのだと、家康の先祖がそういう予言を受けます。念仏しながら治国利民のために戦う大将には必ず仏の加護があるから、殺生、人を殺すという悪業を恐れることなく、念仏しながら人々のために戦いを進めていくならば、必ず阿弥陀仏は徳川家に天下を与えるであろうと予言をされます。家康もこの予言を受けるわけです。そしてその予言を忠実に実行した結果、徳川政権が誕生したのだということを書いた書物です。数年前にたまたまこういう本があるということを知って、『国書総目録』を調べましたら、たくさん所蔵があるわけです。そこで文部省から研究費をもらい、二年間かけて全国の図書館関係を探しました。そうしましたら、『松氏古記』とか『松平開運記』という題名のさまざまな異本があり、全国で大体八十冊以上の本が現存していることがわかりました。刊本は一切なく、すべて写本です。紀州家、尾張家の文庫には非常に立派な写本が残されております。それからごく粗末な本、ごく一般的なところでは、貸本屋にあったと考えられる本が出てきました。本の末尾に、「この本ごらんなられ候はば必ずお返しあるべく候」とあって、本屋の判が押してあります。つまり、貸本としてまわっているわけです。又貸ししてどこへいったかわからないと困るから、裏にこの本を見た者は必ずここへ返してくれと書いてあるわけです。貸本として使われた、そういうものも存在いたします。

そして、五代将軍綱吉の時代にこの本が成立したらしく、元禄十七年あたりに本としてまとまったようでございます。このように、成立は元禄十七年頃でございますが、本当はそれ以前から増上寺の観智国師存応以来、口伝えに伝えられてきたものでした。観智国師存応というのは、家康が帰依して菩提所にした増上寺の事実上の開山です。この存応の系統に『松平開運録』のもとになる話が伝えられて、そしてそれから百年ほどの間に祐天大僧正にまで伝えられてくる。この祐天というのは、ご存知の方も多いかと思いますが、元来は増上寺の僧ですが、人に祟りをなす累（かさね）という女性の亡霊退治で一躍有名になります。この累の説話は、ずっと後の「真景累ヶ渕」という有名な怪談になっていくわけです。江戸時代の怪談の典型ですね。その亡霊退治で名を馳せた祐天大僧正が、綱吉の御前でこの話を語ったようでございます。この綱吉の御前で語った『松平開運録』の話が、文字化されて全国に上は大名から下は民衆にまで広がっていきます。それは、念仏をする大将には必ず弥陀如来の加護があり、天下が授与されるといったような内容でした。そうしますと、上は大名から下々まで徳川幕府の天下は仏さまが与えた天下なんだと、したがって治国利民、民衆救済が徳川幕府の使命なんだという、こういうキャンペーンが広がっていくことが考えられます。そういう意味でこの『松平開運録』という書物は、大変重要な書物であると考えているわけです。

　権力と仏教の関係から言うならば、このようにして仏教は権力のほうに取り込まれそうになりながら、なかなか取り込まれないで、逆に仏教の側から権力を仏教の民衆救済の理論の中に引き込むような、そういう動きを見せてくるということになるかと思います。

三　民衆仏教の形成

次に、民衆の思想課題、仏教はこれにどのように対応したかという問題に移っていこうと思います。民衆の思想課題とは一体何かというと、因果応報という論理と、それに適合しないいきわめて矛盾的な現実という、こういう問題であると考えております。配付いたしました史料を用いながら話をさせていただこうと思いますが、まずA、B、Cという史料が、大体その民衆の思想課題を表していると考えております。

最初に、『心学五倫書』（日本思想大系『藤原惺窩林羅山』）という書物があります。誰が書いたのかよくわかりませんが、元和五年、一六一九年前後には成立していたようです。そしてそれが以後、『心学五倫書』そのものも出版されますし、『仮名性理』とか『本佐録』という形にアレンジされたものが出版されてまいります。そういう意味で、江戸時代を通じてよく読まれた書物なわけでございます。その最後の第二十段に、

A　悪人なれども一代富貴に栄えたるあり。善人なれ共貧しきもの有。是に二心あり。

先祖の人善人にて、慈悲を施し、人を憐みぬれば、その子孫悪人なれども栄える事もあり。……また善人なれども、先祖の悪人なりし報ひにて、仕合あしきあり。

こういう矛盾が書かれています。悪いことをすれば悪い報いがある、いいことをすればいい報いがある、これが因果応報の論理です。ところが、悪いことをしているのに悪い報いがこなくてかえって富貴に栄えている者がいる。これはどうしてなんだということなのです。あるいは善人であり善行を盛んに積んではいるけれども、貧困に苦しんでいる者がいる。これはどうしてなんだと、こういう問題が、人々の抱えた問題なわけです。つまり、因果応報というものが正しく機能しているならば問題はない。自分は一生懸命やっているのにいっこうに良くならない。それは自分の過去の因果だとあきらめもしよう。ところが、何もしない悪いやつが富貴に栄えているのはおかしいではないか。そのとき、因果応報という論理そのものを疑うことはできません。だったらどうしてそれが正しく機能しないのか、こういう悩みが大きな問題になるわけです。そこで『心学五倫書』は、先祖が過去に積み上げた善根や悪因が現在に至って現れてくるのだという考え方で、これを説明しているわけですね。悪人であっても先祖の善根が残っているから、これが富貴となるのだ。善人であるけれども先祖の悪因が原因となって貧乏なのだと、因果応報は現世だけではなくて過去、現在、未来の三世にわたるわけですね。だから現在は悪いかもしれないが、来世でも悪いとは限らないという説明のしかたをしていくわけです。

同じようなことがいろいろなところに出てくることを示すためにB、Cの史料を挙げました。Bは近江聖人と呼ばれた儒者の中江藤樹が著した『鑑草』（『藤樹先生全集』三）です。これは仏教の用語を使い、儒教の考え方を説明しようとしたものです。

B　福の種は明徳仏性なり。明徳仏性の修行ありても、福をえざる人もあるべし。いかが。

これも同じなんですね。「明徳仏性」という根本的な悟りの境地、それを得ることができるならば幸せになるはずだ。ところが、いくらその修行をしても福を得ない人がある。これはどうしてなんだろうかと、だから前の「善人なれ共貧しきもの有」と同じ疑問なわけです。そこでこの『鑑草』が答えますのは、

いわく、しかり。それは生まれつきの福分の薄き故か、または先祖供養の余殃。

と同じような説明をしております。

それから次の、C『清水物語』（新日本古典文学大系『仮名草子』）、これは寛永の初年に出版された仮名草子です。そこで冒頭に出てきますのが、

C　一度観世音と唱えたらん者はよろずの災難を免れて、思ふ事叶はずということ無しと承り候。然るにこの巡礼の中にも、いろいろの災難にあえる人多し。

というように、巡礼修行する者は災難を免れるはずなのに、巡礼が災難に遇うのはどうしてなのかと、このようにしてあるべきようにならないこと、こういうことが近世人の問題でした。そこでCでは、

何事も叶はぬは、人々の偽れる心にて向ひ給ふしるしにても候らはんか

と、人々の心の問題としてこれを処理してしまっております。

やがてそういう心の問題であるという考え方、処理のしかたが、次のD『浮世物語』（日本古典文学大系『仮名草子』）に見られるようになります。これは寛文期、一六六〇年代まで下りますが、浮世という言葉を初めて意識的に使ったことで有名な作品です。

D　いな物じゃ、心は我がものなれど、ままにならぬとは、皆歌ひ侍べる。思ふ事叶はねばこそ浮世なれ、という歌も侍べり。万につけて心に叶はず、ままにならねばこそ浮世と言ふめれ。

このようにして、「思ふ事叶はねばこそ浮世なれ」、という嘆きの言葉が生まれてくるわけです。ままにならないから、これを浮世と言うのだと、娑婆をどう認識するかという展開をしていきます。そしてこの『浮世物語』の最後は、瓢箪の流れる水に浮くが如く、浮きに浮かれて過ごすがよろしいと、浮いた浮いたで暮らしてゆけ、といったところで話が終わっていくわけです。ですから、世の中は目には見えない因果応報の法則が支配していて

ままにならぬ、それならば心の持ちようによって苦も楽になる、浮きに浮いて過ごしていけばいいじゃないかと、こういう結論が『浮世物語』に出てまいります。やがてこういう考え方が、いわゆる元禄という時代を生んでくることになるのです。

そこでもうひとつ展開していきますと、この、「思ふ事叶はねばこそ浮世なれ」という言葉は、実は一六六〇年代の『浮世物語』で初めて出るのではなく、十七世紀前半を通じていろいろな作品の中に登場してきます。その一番最初が、Eに挙げた『恨の介』（日本古典文学大系『仮名草子』）という作品です。これは慶長末年の仮名草子で、近世小説の最初の作品です。その恋物語の中で、主人公の恨の介という歌舞伎者が、清水の万灯会に参詣し、そしてどういうわけか一人悄然と、自分は因果な身であるということを思い悩んでいるわけです。そのときに傍らで宴会をしている女性たちがおりまして、その中の雪の前という女性に一目惚れをします。何とかならんものかと、一生懸命観音さまにお祈りをかけ、そしてついに二人は結ばれることができるわけです。別れのときに、今度いつ会ってくれると恨の介が聞きましたら、雪の前が「後生にて」と答えるわけです。この「後生にて」とは何事かと、もう逢ってくれないという意味に解釈して恨の介は絶望して死んでしまう。それを聞いて雪の前も死んでしまう。二人別々に死ぬのですが、この二人を「希代不思議の恋路」と感じた人々は、二人は浄土で結ばれたに違いないと、二人一緒に合葬します。

するとその屍骸を焼いた煙から紫煙が立ち昇り、二人は天に昇っていった、まさしく二人は来世において恋を成就したのだという作品です。

E　心の妄執を晴らし給へや神仏、叶ふまじくば中なかに、露の命を召されなむ、とは思へども思ふこと叶はねばこそ憂き世なれ。心に心待て暫し、君のあるならば、明日は無間果羅国の閻浮の塵ともならばなれ、君故捨つる命ならば。

一部の文句だけ引きましたが、観音さまの縁でもって雪の前という女性を見初めた、引き合わせておいて恋をかなえないとは何事だ、最後まで責任を持てと観音さまを脅迫するわけです。そのうちに、「心の妄執を晴らし給へ」とあります。心の妄執というのは恋のことです。だから、恋を妄執と捉えてそれを晴らせというのだから、心の中に煩悩が起こらないようにしてくれということだと思うのですが、どうもそうではないですね。かなわないなら命を召されてもかまわない、すなわち、恋を成就させてくれと祈るわけです。これは、心の妄執、つまり煩悩である恋をかなえることが妄執を晴らすことだという論理です。恋を成就させること、これが直ちに菩提への道に通じるという、恋を媒介にした煩悩即菩提という考え方が姿を現しているわけです。

煩悩即菩提というのは、中世に盛んに使われた言葉です。それが近世に入り、新たに恋物語という形でもって再生してまいります。その中に、「思へども思ふこと叶はねばこそ憂き世なれ」、大体、慶長頃からこのように人々の口にのぼるようになってきました。「思ふ事叶はねばこそ憂き世なれ」という願いが、以後詳しいことは省略いたしますが、たくさんの仮名草子という小説の中で、さまざまな恋物語の中でこのことが継承されていくわけです。Ｆ『薄雪物語』（日本古典文学全書『仮名草子集』）というのを挙げておきましたが、これは『恨の介』のパロディ版なのです。この『薄雪物語』の中では、

Ｆ　一念五百生、懸念無量劫、生々世々の間に、深き怨みの尽きずして、煩悩の犬となる。あまたの地獄をおひめぐり

とあります。これは前後カットしていてわかりにくいですが、つまり恋がかなえられなかった場合、五百生の間、地獄を巡ることになる。恋の成就しなかった深き恨みがずっと尽きないで、煩悩の犬となって地獄を巡らなくてはいけない。だから逆に言えば、恋を成就することが地獄を巡るわが身を救うことになるということです。だから、これは親鸞の言葉ですが、「煩悩成就」「不断煩悩得涅槃」というような考え方、煩悩が成就することが菩提になるのだという考え方が、この頃から非常に明確になってまいります。

そしてその行き着いたところが、近松の『曽根崎心中』（日本古典文学大系『近松浄瑠璃集・上』）であると考えます。これは一文だけ引いておきましたが、『曽根崎心中』の冒頭の部分でございます。現在『曽根崎心中』という作品は生玉社の段という恋仲のお初、徳兵衛

が偶然に出会う場面から始まるのですが、実は原作にはその前に、「観音廻り」という一段があります。この「観音廻り」の一段は、ヒロインのお初が一人で大坂の三十三か所の観音を踊りながら廻っていく場面です。ところが、現在この「観音廻り」の段は一切上演されません。なぜ上演されないか、人形の扱いが大変難しいからであると言われていますが、どうもこの部分がついてきますと、近松の作品の解釈が変わってしまうことが原因のようです。普通、近松の心中物は義理と人情に挟まれて……、となるわけですね。ところが、このG「観音廻り」の段を見ていきますとそうではないわけです。そのさわりの部分だけ挙げてみましょう。

G　げにや安楽世界より、今此の娑婆に示現して、我らがために観世音、……草の蓮葉な世に交り、三十三に御身を変へ、色で導き情けで教へ、恋を菩提の橋となし、渡して救う観世音。誓いは妙にありがたし。

点々でつないだ部分、それより前が最初の出だしです。そして点々から後ろは最後の部分です。「観音廻り」の段はまさにヒロインお初が、娑婆に現れてきた観音さまによって、色で導き情けで教えられ、恋を菩提の橋として救われていく、こういう物語であるという前置きが、『曽根崎心中』にはあるわけです。このような言葉を見ますと、全編、このテーマでもって演出しなければならなくなります。ところが現在、それはされないわけですね。この部分をカットしてしまう。そしていわゆる世話物、義理人情の問題として心中物を扱っているのです。考えてみるに、恋する男女が心中するのは、この世に絶望して死ぬわけですが、その前提には、この世で結ばれなかった恋は必ずあの世で成就されるという、これがなければ心中は成立しないだろうと思います。そうでなければ絶望の死で、非常に悲惨な結果でしかありません。そのように近松の作品は、非常に仏教的であると考えています。もう一か所の『曽根崎心中』からの引用部分は、これは一番最後の道行きから心中に至る部分です。

この世も名残り夜も名残、死にに行く身をたとふれば、あだしが原の道の霜、一足づつに消えて行く。夢の夢こそあはれなり。……貴賤群集の回向の種、未来成仏疑ひなき、恋の手本となりにけり

という非常に有名な言葉です。このようにして、最後に「貴賤群集の回向の種、未来成仏疑ひなき、恋の手本となりにけり」と、恋というのは未来成仏、心中によって未来成仏を遂げるのが恋なのです。だから二人の未来成仏は疑いない、そういう意味でまさしく「恋の手本」であると歌われます。近松の『曽根崎心中』、これが観音さまによる恋する男女の救済という作品ではなくて、一体何であろうかと思うわけです。恋を煩悩として避けるのではなくて、恋の成就こそ、つまり煩悩の成就こそ菩提への道であると、こういう人々

の考え方が、『曽根崎心中』において最高潮に到達したものであろうと考えます。

それから次の史料は、思うことがかなわぬのはどうしてかという問題の、もうひとつの解決のしかたです。この考え方は「心外無別法」という言葉で示すことができます。つまり、あらゆる現象はすべて心から現れる、心以外に実在するのは何もない、これが「心外無別法」という言葉です。それから「唯心の弥陀」、仏は自己の外にあるのではなくて我が心こそが仏であるという、つまりは心が絶対という考え方で、唯心論という言葉で言ってもいい、「仏教唯心論」です。すべては心の現れであり、心は仏である。したがって、仏である我が心が現れてこの世を浄土に変えていくのだ、という考え方です。その作品が、H『七人比丘尼』（近世文芸叢書・三）です。これは作者不明で中世の成立であると言われますが、それが寛永初年に刊本として出されたので、近世作品と考えてもよいかと思います。信濃の善光寺の近くの関川という宿場に、歳のとった比丘尼が湯摂待ということで宿屋を経営しています。そこへたまたま五人の尼さんが泊まり、主人の尼ともう一人の手伝いの若い尼さんと合計七人の尼さんが、自分の身の上の懺悔物語を行います。そして簡単に言いますと、七人のうち六人までが愛とか恋の妄執の中で絶望し、そして、その恋という煩悩を絶つことによって菩提の道に入ったのだと、こういう物語をするわけです。それが煩悩即菩提であるというわけですね。実はこれは、煩悩即菩提ではなく、煩悩を断じて菩提を得るという、そういう立場です。ところが一番若い尼さんが、カラカラとうち笑い、何を寝ぼけたことを言っているのか、みんなの言っていることは寝言だと一蹴します。

H　三毒はみな実相の妙体にして、心外に法なし、なにをか悟りなにをか愛し、何をか悲しむべけん。煩悩即菩提なればなり。……煩悩と菩提とをとりもなおさず、その性不可得にして、一子地の妙体なるを、煩悩即菩提と申すなり。

簡単に言ってしまえば、煩悩も菩提もすべて心の現れであるのだから、心外に法無しという言葉を媒介にして、煩悩も菩提も心の現れであるから、煩悩即菩提であると言う。だから恋を、煩悩を絶って菩提を得るのではなくて、煩悩がそのまま菩提への道でなければならないと、こういう論理を展開するわけです。

それから次は、鈴木正三の仮名草子、I『念仏草紙』（『鈴木正三道人全集』）でございます。寛永八年に刊行されました。

I　唯心の浄土、己心の弥陀と教へたまふなり。ただ心の浄土、心の弥陀を知りたまふべし。心の弥陀を知り給はんとならば、ただ何事も打ち捨て、念仏をしたまふべし。心の弥陀、現れたまはんこと疑いなし。口にてはうき世の悪しきにつけて、渡世のことをいふとも、心だに南無阿弥陀仏なれば、いうほどのこと皆名号なり。仏というも心なり。衆生というも心なれば、言葉に障りなし。ただ心に障りあり。されば古人も、仏法の内において念を起こせば、仏法かへつて世法となり、世法の上にて念なければ、世法すなわち仏法なり、と教へおかれ候。

ここに世法すなわち仏法という正三の考え方が出てきますが、それもこの唯心の浄土、己心の弥陀という考え方によって成り立っています。

このように見てまいりますと、いわゆる仮名草子と言われる民衆の読み物、ここに挙げましたのはほとんど民衆の読み物、全部仮名草子ですが、そういう民衆の読む読み物の中に、このようにして煩悩即菩提という考え方が非常に強い形でもって展開してまいります。つまり人々は、思うことかなわねばこそ浮世なれというこの問題を、煩悩即菩提、そしてすべて心の現れであるという「心外無別法」という解決のしかたで解決していった、というように考えられるわけです。

そして、その背後には、正三、盤珪、無難、白隠などの、仏教復興運動というものが存在するのだということを申し上げたいのですが、それは時間がありませんので省略します。

四　住み着いた仏教

以上のように、すべてが心の現れとする考え方、つまり唯心論として仏教がものの考え方の中心になった様相を、「仏教が心に住み着いた」と言うことができると思います。そういう状況の下で、仏教以外の思想原理である天とか朱子学の理なども心の現れと捉えられますから、それらは心の本体である仏が姿を変えて現れたと見てよいでしょう。その例といたしまして、Ｊ『心学五倫書』は、まさしく仏教の考え方であろうと私は考えます。

Ｊ　人の心はかたちもなくして、しかも一身のぬしとなり、爪の先髪のはずれまで、この心行きわたらずと云事なし。この人のこころは、天より別れ来て我心と成り、本は天と一体の物なり。

冒頭の文章の、心が一身の主となるというこの言葉は、実は朱子学の『大学章句』の言葉を受けています。朱子の言葉ですね。したがってこれは、朱子学の概念に立っていると言われてきました。それから「天より別れ来て我心と成り」とか、あるいは「本は天と一体」であるというのは、「理一分殊」という概念で、朱子学の絶対原理である理が、さまざまなものに分与されるということで、これを理一分殊と言います。ですから心が身の主であるという考え方、あるいは理というものがあらゆる人間に分与されて存在するのだという考え方であるから、この『心学五倫書』は朱子学の思想であると言われてきました。しかし私は違うと思います。心が我が身の主人である、これは唯心の弥陀でなかろうかと思います。心に存在する弥陀が、これがすべてのところに行き渡っている。「天より別れ来て我心と成り」というのは、仏が我が心に入っている、だから「本は天と一体」、わが身と仏とは一体であるというのですから、唯心の弥陀における衆生と仏が一体であるという考え方と、何も変わらないわけであります。それをあえて言えば朱子学的な論理かもしれませんが、むしろ根底において仏教があるのです。それを朱子学的に改変したと考えたほうが、正当ではないかと考えております。

同じように次の史料K『彝倫抄』（日本思想大系『藤原惺窩林羅山』）という書物ですが、これも先ほどと同じです。著者は松永尺五といい、藤原惺窩門下の四天王の一人で、儒者です。儒学者が仏教の言葉を借りて儒教の教えを説こうとした書物です。その中に、

K　禍ハ天ヨリ下ニモアラズ。……コレ福ノ一心ヨリ來リタルナリ。……コレ一心ヨリ禍生ズルナリ。仏法ニモ三界唯一心、心外無別法、己心ノ弥陀、唯心ノ浄土トアレバ、只一心ヲタダシク、ロクニモツヲ肝要トスルトミエタリ

というように、三界唯心、心外無別法であるから、ただ一心を正しくするのが肝要である

という生き方を説いています。これは、儒学者が仏教を借りて儒学を普及しようとしたのだと言われるのですが、仏法を借りなければ普及できないということ自体が、近世における仏教の位置を明確に示していると言えるでしょう。しかもこういったあり方を見ていると、これが一体儒学なのか、仏教とどこが違うんだと思うのです。仏教の表現を借りたとしても、これは明らかに仏教にひきつけられております。

そして次のL『三徳抄』（日本思想大系『藤原惺窩林羅山』）、これは林羅山の民衆教化の書ですけれども、

L　理ト云モノハ即チ我心也。心ノ他ニ別ニ理アルニアラズ。

というように、まさしく心外無別法の考え方と同じです。朱子学の絶対原理である理というのが心になる。心以外に何もないと、これはもう朱子学と言えるかという、重大な問題になると思います。そのようにして、仏教が心に住み着きまして、たとえば儒学というものも、仏教のほうに引っ張り込んでしまう、こういう役割を果たしています。あるいはその理というものも、仏という概念が理というものに身を変えて現れていると、こういうことになるかと思います。

そこで最後に、そういう住み着いた仏教がどのような働きをしたのか、この問題を簡単に申し上げます。私は専ら真宗の事例しか存じませんので、真宗の事例で申し上げます。

西本願寺派で十九世紀の初頭に、以下に記すMのような問答が書かれております（真宗全書『真宗小部集』所収「棲浄斎安心注進書」および「合明閤報書」）。誓鎧という人と仰誓、この仰誓が師匠で、誓鎧が弟子なんですが、この二人の問答が載っております。

M（誓鎧）真ニ一念帰命ノ理ハ当流ノ肝要。往生ノ軌模ナリ、誰ノ人カコレヲ擬議センヤ。……シカアレド、容有ノ一類ニハ、昔ヨリ当門徒ニ列テ、夜トナク昼トナク本願ノイワレヲ聞薫シテ、ソノ心中ニ微塵バカリモ往生ヲアヤフマズ……。称名念仏スルタグヒハ、イツコソ各別ニ帰命ノ儀式ヲナシタルコトヲオボヘズトモ……

つまり、真宗では一念帰命という助けたまえと頼むということが肝要大事なのですが、私はいつ助けたまえと頼んだ覚えもない、だけども往生を疑ったことはない、こういうのを「容有ノ一類」というわけですね。「容有」というのはどういう意味なのかよくわからないのですが、その手紙を見ました師匠の仰誓が続けて言うには、

M（仰誓）愚老モマタ所謂容有ノ一人ニヤ。生レテヨリコノカタ、イツ如来ヲ頼奉リシトイフ記モコレナク候ヘトモ……、疑ナク往生スル身トアリガタク

と、弟子の誓鎧もそう言っているように、自分もそういえば、取りたてて助けたまえと頼んだ覚えはないと、しかし気がついたらいつのまにか救われていたんだと、こういう真宗教学が展開するわけです。いつとなしの救済、気がついたら救われていたという、こうい

う救済論が展開されてまいります。

それでは、そういう救済論がどのような働きをするのか。最後に、住み着いた仏教による人間形成という問題を考えてみます。幕末の豪農、原稲城という人物を取り上げます。原稲城という人は、尾張の丹羽郡の一宮、尾張一宮のすぐ近くの村の肝煎クラスの豪農です。自分の父親が、二十三歳ぐらいのときに亡くなりまして、そしてそれから自分が肝煎として村人の世話をしていかなくてはならない立場に立つわけですが、そのときに自分の懺悔録（『一宮市史』資料編十所収「心に掟置言葉」）みたいなものを書いているわけです。その懺悔録を読んでいきますと、初めは父親も彼も本居国学の国学者なのです。国学を勉強いたします。なぜ国学を勉強したかというと、村々がこの時代には非常に疲弊をしております。そういう荒廃した農村を何とかして立て直したい、そういう郷土復興という課題から国学に入っていくわけです。幕末の在村の国学者というのは、ほとんどがそういう農村復興に関わっていくわけですね。そこで一生懸命努力をするのですが、そのときに、自分みたいな二十歳そこそこの若造が肝煎として人々に仰がれていくためには、自分の身を清く正しく律していかねばならない。そこで国学の教えに従って一生懸命、精進に励むわけです。そのときに一番障害になりましたのは、酒でした。実は彼は大変な酒飲みなんです。しょっちゅう酒を飲んで失敗ばかりしているわけです。そこで何とかしてそれをやめようということで、最初は二合で慎んで、三合になったら絶対に止めるという誓いを立てます。でも、なかなか実行できない。そこでその誓いを何度も繰り返して、今度は仕事が終わるまで酒は飲まん、と誓いを立てる、これも上手くいかない。そこで今度は思い切って、酒を飲むからいけないので、酒は神さまに捧げてみりん焼酎で我慢しようとします。同じことだと思うのですが、そこで酒は飲まないで、みりん焼酎を飲むという誓いを立てます。ところが、名古屋へ用事で行った帰りに宿屋でみりん焼酎を飲み、散々悪酔いをして、あわや死にかかって駕籠で担ぎ込まれるという状態になるわけです。そこで彼はどう思うかというと、とても自分にはそういう煩悩を絶つような道徳的実践はできない。つまり自分は大変悪い人間であって、おそらく地獄は必定であろうと、そのあたりから真宗が顔を出してくるわけです。次の史料Nは、そういう真宗が顔を出したときのものです。

N　我身ハ悪敷物とのミ定めて、人に情けも不懸して世渡りの詮なし、是は如何。答。我身悪敷とのミ思ひ詰て、片時寸悔も油断なき時ハ、其中に慈悲も情けも籠り有物也。おのれハ正直にして人ニ慈悲も懸ると思ふ心社、真ニ我身を亡剣也と恐べし。

人が稲城にこういうように聞いたわけですね、自分は悪いものである、悪人である、だからとても人に情けをかけるなんてことはできない。しかし肝煎として人に情けをかけない、こういうことができるかと。そこで、そのことに対して稲城の答えていわくには、我が身は悪しきものと思うことが、実は他人に対する慈悲に続いていくんだ、そのことに気がつかないで自分は正直で勤勉でと、思い上がっている人間こそ実は自分を滅ぼしていくのだと、こういう考え方に到達していくわけです。これはまさしく真宗的な考え方です。

ここから何が言えるかというと、幕末民衆というのは、安丸良夫さんが言いましたように、通俗道徳の実践によって、我が身を律して厳しく鍛錬して、そこから強烈な自己を形成していく。非常に強烈な鍛練された自己が、これがさまざまな実践を通じて、近代日本を切り開いていくもとになった、つまり通俗道徳の実践が近代日本を創ったのだというわけです。ところがここに出てきた稲城は、そういう通俗道徳の実践に耐え切れず、ついに挫折してしまった。だから安丸理論の中で、挫折した人間はどうなるのかという問題が残っているわけです。稲城はどうなったかといいますと、こういう真宗の救済理論に救われ、それから非常に安心した生活を送ってまいります。そして維新を迎えた後には村会議員になったりして、専ら郷土復興を水利、用水の整備に生涯を捧げていく。そして村の中で手習いの師匠をやりながら、本願寺の世話をし、そして安穏な生涯を送っていくわけです。住み着いた仏教にこの稲城は最初は気がつきません。そこで一生懸命、国学という学問によって自分の身を鍛え、そして人々を救おうといたします。ところがそれが失敗したときに、住み着いた仏教がふっと顔を出す。つまり寺檀制の仏教というのは、そういう働きをしていくわけですね。

ですから「容有ノ一類」という話の中でも、夜となく昼となくいつのまにか聞いていていた、その聞いていたことが肝心なときにすうっと姿を現してくる。これを仏教住み着き論と言っているわけですが、江戸時代の人々の心の中に住み着いて、そしてさまざまな、一見仏教とは見えないようなものとしても姿を現して、さまざまな働きをしてくる。だから、日本仏教が、近世という時代に出会ったときどうなったかと言えば、心の中に住み着いて人々を現世安穏の世界へ導き、あるいは後生善処へ導く、そういう働きをずっと持ち続けたのです。一見それは仏教と見えないものであってても実はよくよく考えてみると、仏教のパラダイムの中にありました。こういう人たちは、立身出世をしていった人たちが創った近代とは違う、近代を底辺で支えるような生き方をしていったわけです。だから日本近代を考えていくときに、立身出世、勤倹力行実践型の人たちが創った近代とは違う近代というものが、もう一つここにあったのではないのかなと思います。

現代の課題を考えるという問題ですから、実はそこまで行きたかったのですが、そこを十分お話しすることができませんでした。このあたりで終わらせていただきます。

日本近世の聖なるもの——徳川王権と都市

はじめに

かなり突飛な題名かなと思っておりますが、このような突飛な、常識を覆すようなテーマを出しましたのは、この十年ほどの間、私が関わってきました問題の一つの帰結が、このテーマであるからです。昨年の暮れと、ついこの間、二つの講座に論文(「参考文献一覧」論文⑩⑪)を書かせていただく機会がありました。最初のほうでは都市の問題、それから二つ目が、本日のタイトルである徳川王権論の問題です。それは、近世社会、江戸社会というものが、言われているような世俗社会ではなく、むしろ宗教的な社会ではないかと考えていく、その一環の、一連の仕事のうち、最終的なところにあたる部分です。そこで、この二つの論文をまとめて一つにできるであろうと考え、こういうように「王権と都市」というテーマを出したわけです。けれども実はちょっと体調を崩しまして、結局その作業ができないままに本日に至りました。本日のご報告は、タイトルとはいささかズレたものになります。後で修正した題名などを申し上げようと思いますけれども、都市論のほうは少し付け足す程度にしかお話できないかなと思っております。

さて最初に、これもいささか突飛ではございますが、私たちが江戸時代と呼んでいる時代に、徳川家康はいなかったし、江戸幕府というものはなかった、こういうように言えないかと思います。より正確には、徳川家康は徳川家康とは呼ばれなかったし、徳川将軍の権力は江戸幕府とは呼ばれなかったと、こう言えば正確かと思います。それでは一体どう言ったのだろうかと言えば、権現様と御公儀という言葉で呼ばれただろうと思います。権現様、あるいは東照大権現と呼ばれたり、あるいは東照神君と呼ばれる場合もございます。それらをひっくるめて権現様と申しておきます。それから幕府という言葉は、ほとんど使われず、実際は御公儀という言葉で呼ばれるわけです。

家康・幕府という呼び方で江戸時代を捉える場合と、権現様・御公儀という言葉で捉える場合とでは、全然違う像が描かれてくるだろうと思います。家康・幕府と呼ぶならば、将軍権力というような言葉が頭に浮かんでまいりますが、権現様・御公儀と呼ぶならば、それは権威であり、御威光というふうな言葉が頭に浮かぶでしょうし、そうなれば、それは宗教的なるもの、聖なるもの、そういう範疇に属することになります。

実際にはそのように権現様・御公儀と呼ばれてきましたけれども、近代の歴史学はそれを徳川家康と呼び、江戸幕府と呼んだわけです。そこに見失われてしまったものがないのだろうか。そう呼んでいくことにおいて、随分何か違ってしまったのではないのか。家康・江戸幕府と、こういう呼び方を近代の眼差しと言っておきます。近代を表すのは、実証ということでございます。つまり証明できるもの、目に見えるもの、手で捉えることができるもの、それが存在するもの、信じられるものであって、証明できないものは、これはないと同様である。これが近代の眼差しだと思います。家康・江戸幕府と呼ぶのは、この実証の精神を表すもので、権現様・御公儀と呼ばれるような不確かな呼び方を否定することで、見えないもの、実証できないものを、どんどん削り取ってしまう、そういうものの見かたであろうと思うわけです。

そこで、近代の眼差しから捉えることができなかった、あるいはそれが忘却した、あるいは消滅せしめたと言ったほうがよいでしょうか、そういったものを、もう一度取り返し、そして江戸の世界が宗教的な世界であるということを考えてみようというわけです。ですから権現様・御公儀という言い方で、徳川王権というものを捉えていくことによって、日本の前近代世界、それが一つの宗教世界であって、そしてそこには、近代の眼差しでは捉えきれなかった、さまざまな未発の可能性というものが存在したのではないのかと考えたいわけです。

本日の王権論は直接その未発の可能性というところへまでたどりつくことは難しいのですが、この十年ほどの間考えてきました大きな総合的なテーマになるわけです。その一環として、徳川政権というものは、御威光というものによって世の中を治めた政権であって、つまり宗教的な政権であるということを申し上げたいのです。徳川将軍権力というものは、世俗権力ではなかったのではないか、あるいは世俗権力であったかもしれないが、そうでありながら神聖王権というような性格を持っていたのではないのか、こういうことを考えようというわけです。

そこで、そういう徳川将軍権力というものが神聖王権であるために何が必要かと考えますと、それは東照大権現という始祖を祀る施設、日光東照宮という存在です。そしてその東照宮という存在が、装置としてあるだけではなくて、それを機能せしめていくための東照宮の神話が必要になってまいります。将軍権力を神聖王権としていくための装置としての王権神話、それがどのようにして作り上げられていったのか、具体的にはそういうことをお話ししようというわけです。ですから本日のよりふさわしいタイトルは、「徳川将軍権力における王権神話の形成」ということになります。

一　なぜ神聖化が必要か

それでは、なぜそんなことを考え出したかというと、ほぼ十年ほど前だったかと思いますが、本願寺の枳殻邸にございます園林堂というところに残されました、近世末期から近代にかけての史料である園林文庫の整理に関わっておりまして、本願寺の門跡が手元に置いた手文庫をたまたま開いて見ておりました。そのときに、『松平崇宗開運録』という書物にぶつかったわけです。史料プリントのＰ・Ｑ・Ｒというところが、その『開運録』からの史料でございます。その最後のＲに、

此時に弥陀の諸神より天下を取て君へ渡し給ふ也

とあります。端的に言えば、「弥陀が天下を家康に渡したんだ」と、こういうことが書いてありました。一体これは何だろう、この書物を本願寺の門跡は読んでいたのかと、これは一体、何が書いてあるのかということに関心を持ったわけです。

それがそもそもの始まりでして、そのとき思いましたのは、現在は撤去されておりますが、本願寺に東照宮が安置されていたわけです。そういうことを考えていきますと、本願寺の門跡は、徳川の天下というものは弥陀から授与された天下である、こんな思いをもっ

て東照大権現様を本願寺に祀っていたのではないかというようなことを考えました。

それからほぼ同じ頃に、史料Kに『井上主計頭覚書』という名前がございます。この書物を、十年ほど前にたまたまの機会に見ることがありました。そうしましたら、そこで非常にショッキングな言葉といたしまして、史料Lに、

今当来ノ阿弥陀仏ト申ハ殿ノ御事ニテ御座候

とありました。殿というのは家康のことでございます。家康は当来の阿弥陀仏であるという、こういう言葉を見つけ出しました。こういうことを説いた書物があるということに驚きました。そこで、非常に広く読まれた『東照宮御遺訓』という書物、これは家康の教訓を記した書物で、非常に長いもので、百カ条くらいあります。現代のわれわれが手にすることができるものは、儒教的な言葉・考え方に満ち満ちております。ところが『井上主計頭覚書』という書物は『東照宮御遺訓』と非常によく似た内容で、しかもきわめて仏教的であるという、こういう書物が発見されたわけです。これは、明治九年の写本で、内閣文庫に一冊あるだけです。新しい写本ですが、その原本は『東照宮御遺訓』が儒教的な言葉で家康の言葉を語るそれ以前に存在したもので、きわめて仏教的に家康の言葉を語るものです。それが儒教的なものに改定されていっていると、そう考えたわけです。『東照宮御遺訓』の原本であると考えられる『井上主計頭覚書』は、家康が阿弥陀仏である、という

考え方に立って、家康の言葉を伝えております。それから『松平崇宗開運録』は、徳川の天下は弥陀から与えられたものである、こういう考え方に立っているわけです。この二つの書物、一体これはどういうところから生まれてきて、どこまで遡っていくことができるのかと、まあそんなようにして研究を始めていったわけです。

それではなぜ徳川政権というものは、そういう弥陀授与の天下であるとか、権現様は阿弥陀如来の生まれ代わりであるとか、こういうことを言わなければならないのか。こういうことを、理論的にまず考えていく必要があるだろうと思います。

ごくごく常識的に言うならば、徳川権力は天皇から任命を受けた将軍職の権力ですから、上位に天皇という宗教的権威を持っております。それから一方で徳川政権が支配していた人々は、非常に宗教心の厚い、あらゆることを信心の世界として処理していこうとする人たちです。支配される人々も宗教的であり、上部に位置する天皇も宗教的であって、中間の徳川政権だけが非宗教的であるなどということがありうるだろうか。そういう疑問を持ったわけです。

そこで徳川家康の権力、権現様の先行形態をたどっていくと、織田信長、これが生きながら神になったという見かたがあります。それは宣教師ルイス＝フロイスが書いた記録に見えるだけであって、信じられないと言われてきましたけれども、現在は信長が神格化したということは、ほぼ間違いなかろうと考えられております。その後を受けた豊臣秀吉は、ご存知のように豊国大明神という神になりました。そのように信長・秀吉が神になった、それを受けて家康も神に、仏になったのだ。まあこのように言えば何の不思議もないかもしれません。ならば、三人の権力者がなぜ神格化しなければならないのか。端的に言って、これは一向一揆の問題であろうと思います。一向一揆という宗教勢力、それと対決し、それを武力的に鎮圧した。しかしながら、宗教勢力は武力で鎮圧することはできても、信仰自体を武力で吸収することはできないわけです。一向一揆を武力で屈服させることはできましたけれども、家康に手を合わせさせる、家康の命令に従わせることはできないわけです。信長の命令にも、秀吉の命令にも従わせることはできません。表向きは王法為本で従ったかもしれませんが、内心では従うことはできないわけです。そこで三人の権力者は神格化しなければならなかった。このように普通言われております。

しかしながら、さらにもう一歩進めて考えねばなりません。この三人の権力者、織田・豊臣・徳川、この政権を現在の歴史学会では「統一政権」という言い方をします。「統一政権」とは、侍の統一政権です。侍身分、侍階級の連合政権です。これを統一政権と言う。それならこの統一政権が対決した相手、一向一揆は何であるか。これは百姓の連合戦線です。百姓という身分が、一向一揆、これは加賀の一向一揆だけではなく、大坂本願寺をはじめとして畿内の各地、あるいは東海地方などで一向一揆は戦われておりますが、真宗門徒だけがそれを組織したのではなく、さまざまな身分・階層、つまり「百姓」の連合戦線が一向一揆であって、それと侍の統一政権、この両者の決戦、これが石山戦争と言われた決戦であるわけです。そして結果的には、侍の統一政権が百姓連合戦線を打ち破って屈服せしめたわけです。

このことは言い換えれば、侍が日本列島を占領し、百姓を征服したのだ、こういうように言えるかと思います。こんな言い方をしますと、誠に突飛なことを言うように受け取られるかもしれませんが、これは私一人の考え方ではございません。たとえば、一九九三年から九四年にかけて、本学の大学院の特別セミナーに招聘いたしましたカリフォルニア州立大学のヘルマン・オームス教授が『徳川イデオロギー』（黒住真・他訳、ぺりかん社、一九九〇）という書物を書かれたわけですが、そのオームス教授の江戸国家の捉え方は、garrison stateというものです。一体これは何だろうかと、辞書をめくってみましたら、garrisonというのは「孤島の守備隊」という意味だそうです。それが黒住真さんの翻訳では、「軍人国家」となっていますが、私は、「軍人国家」では意味が通らないだろうと思います。garrisonというのが、島を占領してそこを守備する守備隊であるならば、それを「占領体制国家」と訳したらどうだろうかと、そのように考えております。そしてオームス教授の言うところでは、百姓身分と侍身分とが決戦をして、百姓を征服して成立したのがこのgarrison stateである、こういう考え方をされているわけです。

それから日本の学者では、東大の史料編纂所教授でありました高木昭作さんは、「兵営国家」（『日本近世国家史の研究』）という言い方をします。日本列島の全住民が徳川政権の戦争のために組織されていて、普通の家に住んでいるけれども、いつでも出陣できる態勢、軍役に応じる体制を取っていた、という意味で日本列島全体が兵営である、という「兵営国家論」という言葉を言っているわけです。それからこのような特定の言葉はありませんが、元京大教授の朝尾直弘さんの考え方もこれにつながるものです。一向一揆を中心として、百姓と侍が対決をした。その結果、両者は互いに契約を結び、領主は農民を保護し、農民はそれに対して年貢を差し出す、それに対して不服があれば、異議申し立てを行う。領主はその異議申し立てを受け止める、こういう契約を結んだという、「領主・百姓契約論」とでもいう考え方を出しているわけです（『日本の近世』1）。

このような現在の研究状況から考えますと、江戸国家というものは、そのようにして百姓と侍の二大階層がぶつかり合って、そして侍が百姓を征服し、そしてそれをオームス教授で言えば、宗教イデオロギーでもって服従させ、高木さんの説で言うならば、役というものを通じてこれを兵営的に組織していった、朝尾さんなら契約を結んだ、こんな国家であるという考え方が基本になっているわけです。つまり、江戸の国家というものは軍事政権、あるいは征服政権として出発し、そういう軍事政権、征服政権というものが人々を支配していくためには、力で圧服するだけではなくて、人々が自発的にその政権へ帰服していく、能動的に帰服していく、そういう体制を作ることが一番重要なわけです。そのためには、人々が持っている信心、それを吸収する装置が必要である、というところから、徳川政権というものは宗教化せざるを得ない、こんなように考えていくべきだろうと私は思っているわけです。

二　家康生前の神格化

そこで、そういうことを考えた徳川家康、権現様は一体何をしたのか、ということがまず最初の問題です。家康の寺院法度という宗教政策から見ていかねばなりません。宗教統制ということが言われ、各宗に対して寺院法度を定めて統制を加えていったとされますが、これは仏教教団をいわば囲い込んでいく、統制の枠に追い込んでいく、そういう作業でありまして、それだけでは仏教教団を政権のために働くようなものに作り変えていくことは、できないわけです。そこで次に、仏教教理に踏み込んでいく作業が行われます。それが史料Aの論議と言われるものです。家康が将軍職から引退した駿府政権期に、駿府城へ各宗の僧侶を招いて、そこで仏教の論議を行っている、という記事がいっぱい出てきます。それらは法問という言葉でも表されます。あるいは雑談と書いたものもあります。こういう論議・法問・雑談という形で、僧侶と教義に関する話を交わしている記録がたくさんあります。私が調べたわけではなく、東北大学の曽根原理さんの研究『徳川家康神格化への道』によりますと、家康の生前に一五九回を数えます。しかもそれが、家康が将軍を辞めて駿府へ引退してからの十年間に集中しています。その題目などを、曽根原さんが作られました表から拾い上げたのが史料Aです。題目だけで中身はわかりませんが、

A　「ほうしんを翻て成仏か即身成仏か」「現世安穏、後生善処」「五逆罪人不可成仏」「極善極悪、悪人極楽に生る事」「成仏得脱、依自力か他力か」「法花弥陀、浄土弥陀、別体か一体か」

こういうような議論を、家康は各宗の僧侶と交わしているわけです。

それでは、このような議論は一体何なのかという問題になります。これも曽根原さんの研究によりますが、その「論議」という言葉、これはそもそも平安朝に始まる言葉です。宮中の御斎会という法会におきまして論議ということが行われますが、その宮中の御斎会の論議では、各宗僧侶の議論を天皇が総覧し、総括することによって、天皇自身が転輪聖

王になるのだと言われています。仏教に基づいて政治を行う聖なる王、当面それくらいの意味で押さえておきますが、そういう仏法で政治を行っていく聖なる君主、これが転輪聖王です。家康が駿府城で行った論議というものも、実は家康自身を転輪聖王になぞらえる、そういう儀式ではないかと曽根原さんは言っております。賛成していいんじゃないかと思います。

そしてその中身が、今あげましたように、たとえば「現世安穏、後生善処」、この言葉は中世・近世の史料には、至るところに出てきます。文献史料に限りません。板碑といわれるお墓にも、この言葉を彫ったものがいっぱいあります。中世社会には満ちあふれていた言葉です。現世を安穏に暮らし来世は極楽往生という、このようなことを家康が問題にしているのは、人々の宗教的願望をいかにして取り込んでいくか、そういうことが論議の関心であった、したがって転輪聖王の課題であったということができると思います。それが一つです。

それから次の史料Bは家康の言葉です。ある浄土宗の僧侶が、家康がさまざまな仏法を聴聞していることを非難し、浄土宗一本にすべきだと言ったとき、家康は、

B　天下国家の主としては、人をすててをのればかり成仏せむとおもふべきにあらず。天下万民をして悉皆成仏せしめんとの大願をたてねばかなはず（『東照宮御実紀』付録）

と答えたというのです。自分一人の救済を願っているのではない、天下万民を救うために自分は仏教を信仰しているのだ、国家の主として一切衆生を救っていく、そういう位置に家康は自分自身をなぞらえています。万民を救っていく、これは仏にほかならない。そういう意味でも家康のこの言葉は、自身が仏であるという意識を表した言葉ではなかろうかと思うわけです。

次の史料Cは家康の有名な日課念仏です。日課念仏六万遍。六万遍はとてもとてもできませんけれども、日常の一々の所作がすべて念仏にほかならないと教えを受けておりますので、六万遍は可能になるのでしょうけど、それはともかくといたしまして、秀忠内室浅井氏に与えた訓戒状、これは本物かどうか疑問がある書状ですが、そこに、

C　近年、日課をたてて、念仏六万遍つゝ唱申候事……戦国に生れ、多くの人を殺し候へば、せめて罪ほろぼしにもなり可申候はん

とあります。こういう滅罪の意識で念仏を称えたと言っているわけです。この日課念仏が、家康自筆の日課念仏として残っております。何枚もの紙に念仏がいっぱい書いてある文書です。ところどころに「南無阿弥家康」とかいう言葉を交えていまして、あたかも、家康と阿弥陀如来が一体であることを誇示するようです。ところが、それがどうも偽作であるということが言われ出しました。しかし偽作だから駄目かというとそうではなく、これが

作られたのは実は明治になってからで、作者は旗本出身者であったことが判明しました。ということは、明治に至るまで、家康が南無阿弥陀仏であるという考え方が、徳川家中に存在していたということを示すにほかなりません。偽作であるがゆえに、この史料は、非常に重要な意味を持つ史料になってきました。

それから、後ほど改めて問題にしますが、史料のP『松平崇宗開運録』からの引用の中に、「厭離穢土、欣求浄土」という八つの文字を書いた軍旗を与えられたということが書いてありますが、この文句をもった軍旗が実際にあったらしいのです。現在、その旗がどこにあるのか知らないのですが、かつて岡崎へ行ったときに「厭離穢土、欣求浄土」と書いてある大きな広告塔を見まして、本当にすごい街だと思いましたが、家康の軍旗の文句だったのですね。それから、関ヶ原のところにウォーランドという、妙な見世物屋がありましたが、そこの家康の陣地にも、ちゃんと「厭離穢土、欣求浄土」の旗が立っております。このように、この軍旗は大変に有名です。このように家康が軍旗に浄土信仰を掲げていますのも、家康が万民救済をスローガンとしていたということの、一つの証拠になると思います。

三　家光政権中枢での体制神聖化

家康は元和二年の四月に亡くなり、朝廷から東照大権現という称号が贈られます。その東照大権現から一代おいた三代将軍家光、彼は大変な東照大権現崇拝者です。この家光の時代に、東照大権現神話の原型ができ上がってきます。そういうことを次に申し上げます。

家光の東照大権現崇拝の一つは、家光の守り袋の中に、史料のDにあげましたように、

D　いきるもしぬるもなに事もみな大こんけんさましたい
　二せこんけん／二世将軍、二世転りん／二世こんけん

と書いた二枚の紙を入れていました（藤井譲治『徳川家光』）。家光は、自分は家康の生まれ代わりである、「二世こんけん、二世将軍」であり、さらには二世の転輪聖王であると考えています。「二世転りん」というのは、そういうことを意味しているわけです。こういう言葉を家光が守り袋に入れるに至った背景はいろいろありますが、省略します。ともかく、こういうように家光は、権現様を信仰していました。それも転輪聖王として信仰していたのです。そのことが、史料E、家光の乳母の春日局の『東照大権現祝詞』というものの中にも出ています。

Ｅ　ごんげんさまをふかく御しんこうなされ候ゆへ、なりかたき天かを御こゝろのまゝに、たなごゝろのうちにおさめさせられ、ごんげんさまより天下御はいりょうの御事なり。……御めつごには、一天しゅごの大ごんげんとあらはれて、君をまもりたまふ事、日夜ふたいにあらたなり

つまり家光は、自分の天下は権現様から拝領したものと考えていた、権現様はその家光を日夜守護しておられると、春日局は言うわけです。春日局はそのように、家光の権現様信仰というものを語っております。

家光はなぜこのような権現様信仰を持ったのかを考えますと、家康が背負った課題と、家光が背負った課題とが異なっていることが問題となります。家康・秀忠段階では軍事政権でしたが、家光段階では軍事政権の性格を脱却し、いわゆる文民政権への転換が課題となってきました。そのためには、徳川政権が百姓と戦って、これを征服してでき上がった政権である、軍事政権である、言わば暴力政権である、ということをすべて忘れさせてしまう、そして家光のつくった徳川体制が、あたかも永遠の昔から続いてきた社会の最も正しい体制である、このように思い込ませることが必要でした。家光政権はそういう課題を背負った政権でした。実はこれは、ヘルマン・オームス教授の考えですが、私もそれに賛成いたします。

そこで、そういう課題を背負った家光政権は、日光東照社を東照宮に改めて、寛永の大造営と言われる、現在見られるような、非常に壮麗な日光東照宮というものを建立しました。さらに、天皇の使いである例幣使が日光へ参詣するというシステムを作り上げます。加えて朝鮮通信使が来朝しますと、日光へ寄ってそこで参拝するというシステムも作り上げました。つまり東アジアの国際世界の中に、東照大権現を登場させようというわけです。

そういうさまざまな改革を行いましたが、それは体制の神聖化という課題を担った家光の行為でした。そして家光自身は、転輪聖王の二世という意識を持っていたのです。そういう家光の側近にあって活躍した仏教者が、沢庵和尚です。ご存知のように家光に招かれ、さんざん断ったけれども、ついに品川東海寺を創建してそこに入ります。そして家光の側近の柳生石舟斎宗矩と非常に親しい交を結びます。それから、諸大名に対しさまざまな書簡を往復し、各大名が自分の藩を治めていく心得を盛んに説いております。そういう意味では、家光側近の仏教イデオローグが沢庵であったと言ってもいいかと思います。あまりそういう側面は注意されてきませんでした。

その沢庵に『理気差別論』（『沢庵和尚全集』）という書物があります。それを史料Fとして挙げておきました。今まで沢庵にこういう言葉があるとは思ってもいなかったのですが、沢庵全集を引っかきまわしておりましたら、『理気差別論』の一番最後に、次に引いたような史料が出てきたわけです。

F　たてにもよこにも、かたゆきのなき心を正直と申也。……この心が生て如此なれば、いきながら神にて候。死して後この神を社檀宮のうちへいはひこめて、たつとみ申也。今東照大権現とあがめ申ことくにて候

東照大権現として崇めるのは、こういうわけだと沢庵が書いていることにぶつかったわけです。沢庵が東照大権現に触れているのは、ここだけのようです。自信はありませんけれども、大体ここしかないと思っています。わずか一か所ですが、東照大権現がいかにして生きながらにして仏であったか、神であったか、ということを説明しているわけです。「かたゆきのなき心」というのは贔屓偏頗のない心という意味なのですが、そういう心を正直と言い、贔屓偏頗のない正直な心は、次の文章のように、

いたらぬ所もなく、いたりのびたるを神

と、心の中に満ち満ちている、そういう伸びている心を「神」と言い、「いたりのびたるを神」と、こういう言い方をします。それからもう一つ、

理は……天地のあひたにまんまんとみちて、いたらぬ所もなく候

という言葉がありますが、これが儒教の「理」という概念になるわけです。ここで「理」と「心」と「神」、この三者が一体になります。「理神心論」という言葉で言ったらいいか

な、と思います。「神」という字に「神」と「心」を両方含めまして、「理神論」でもいいかもしれません。沢庵の考え方は、こういう「理神論」に立脚します。一種の「唯心論」ですが、これに立脚し、家康が生きながら神であったということを論証しようとしています。

次の史料Gでは、同じ『理気差別論』ですが、

G　道あきらかなる人は、いきながら仏也。明君聖王は、生きながらにして神にて候と、言い切ってしまうわけです。そうしますと、明君聖王、これを大名であると考えるならば、将軍は転輪聖王であるし、大名は明君聖王でこれも神である。したがって現実の封建体制、将軍・大名の秩序は転輪聖王と諸神諸仏の体系、そういう神々の体系になっていくわけです。この沢庵の論理、これは単に家康を権現様、生き神として仰ぐだけではなく、現実の将軍と大名の関係を神聖な秩序に変えていく、こういう役割を持った議論であることがわかりました。大変な理論を沢庵は提示しているということに、やっと気づいたわけです。

そしてその沢庵が、史料H『東海夜話』（『沢庵和尚全集』）で言うのは、そういう転輪聖王とされる将軍、あるいは明君聖王である大名が仏教によって政治をすれば、人は各々の職分に安んじていくことができるという、「職分論」を説いております。

H　君やすやすとして宝殿に坐して居たまひ、天下の四民百工やすく世に住んで己が所業は、己々と勤めて国安穏也。

このようにして、家光段階において東照権現を生き神と仰いでいく理論、さらに大名たちをも生き神と仰いでいく理論が生まれてくるわけです。そして現実に、家光の異母弟である保科正之が神になったことは非常に有名です。会津二十三万石を領した会津正之は、垂加神道に帰依して、そして自ら生き神になって支配します。保科正之のように生前からではありませんが、神社に祀られて神になった大名はいっぱいいるわけです。今年の大河ドラマ主人公の前田利家も、やがて死後に神として祀られます。それから、私がこれは神だと思ったのが、仙台に行ったときに、伊達政宗の廟を見学に行きました。場所といい建物といい、これは神だというほかないと感じざるをえない廟でした。とてもこれは常人の墓ではない、やはり神の墓だと意識させるものがあります。おそらく詳細に調べていくならば、この時期の大名たちは、ほとんどが神、ないしは仏になっていると思います。その頂点に転輪聖王の将軍がいるという、こういう体制ができ上がっていくわけです。

四　家光期権力周辺での神話形成

このように、家光期に権力の中枢で体制神聖化が行われましたが、その神聖体制の成立を神話化する作業が、権力の周辺で行われたことを、次に見ていきます。はじめのほうで名前を出した『井上主計頭覚書』（内閣文庫所蔵）ですが、この書物ができ上がったのは、おそらく家光期、それもごく初期だろうと思います。家光の名前ではなくて、竹千代という幼名で登場するのもその根拠のひとつです。この覚書は、二代将軍秀忠の近臣であった井上正就が、秀忠の命令を受けて慶長の末年に駿府の家康のもとを訪ね、そこで家康から延々と長い教訓を聞かされるわけです。その教訓を全部記憶していて、それを記録したものであるといわれます。それは通常『東照宮御遺訓』という書物です。『井上主計頭覚書』というのは、これと同じ前書きを持っており、同じように駿府城で権現様から聞いた話であるとされています。だからほとんど同じ内容なのですが、覚書では史料Kのように、

K　武家ノ大宝トハ武道ゾ。サレハ天竺漢土日本三国ニ常住不改之大宝有。先日本ノ大宝ヲ三種ノ神器ト云、此三種ハ神璽宝剣内侍所也。神璽ハ……正直、宝剣ハ……慈悲、内侍所ハ……智慧。此慈悲ト智慧ト正直トヲ三種六字ト云ソ。此六字ニ六ツ

之心有、阿弥陀ノ三尊ト云モ此心ソ。明徳至善親民ノ六字ノ心モ同事ゾ。和尚ニ聞、

先慈悲ヲ万ノ根源ト知レ

こんな文言があるわけです。この文言は、現在の『東照宮御遺訓』には全くありません。よく似た文脈はありますが、文言が全然違っております。つまりここでは、「武道」という概念、武道というのは、武術という意味でも、あるいは武力という意味でもなくて、武士が国家を治めていく道、これを「武道」という言葉で言うわけです。その「武道」という「大宝」は日本では「三種の神器」にあたり、慈悲と智慧と正直の六字になる。それは仏教では「弥陀三尊」であり、儒教では「明徳至善親民」という、儒教の重要徳目である大学三綱領にあたるといいます。ここに出てくるのは、武家が政治を行う道は、「三種の神器」という神道、弥陀の教え、儒教の教え、この三つによれと言っているわけです。中でも慈悲というものが世の根源である。慈悲をもって政治の根本とせよ。慈悲、つまり仏教というものが、三つの中で、一番の根本となるわけです。

こういうように説いていく文脈の中で、その次のL、家康阿弥陀仏論が登場してまいります。

L　我若キ時分ヨリ阿弥陀仏ヲ念シ候故、明僧達数人ニ阿弥陀仏ハ何国ニ御坐有ケルヤト尋シニ、何レモ内談セシ如ク口ヲ揃可申ハ、今当来ノ阿弥陀仏ト申ハ殿ノ御事

ニテ御座候。子細ハ阿弥陀仏ハ我名ヲ信セハ、目夕、キセサル内ニ来迎シ給ヒテ救ヒ給ハントノ誓願ナリ。然ルニ殿ヲハ天下ノ万民将軍様ト御名ヲ唱へ、上様ト心ニ信シ申ニテ御座候ハ、万民ヲ御救被成国主郡主ヲ始、人ヲ苦ムモノヲ御改被成、常ニ大慈大悲ヲ御オコシ被成

というように、「上様・将軍様」と、南無阿弥陀仏と念仏するように家康の名が唱え、信じられる。その将軍様は、人民を責め苦しめる者を改めて万民を救うというのです。

このようにして次には、

大慈大悲ヲ御オコシ被成、殿ノ寸胸ノ内ヲ明ニ被成時ハ天下即明ナリ。天下明ナレバ、マカレル物ハ自然ト滅シ申ニテ御座候得ハ、自己ノ光明ヲ照シ十方世界ヲ治メ可給。然時ハ殿則阿弥陀ニテマシマスソ。

というようにして、家康は家臣から阿弥陀仏と崇められているという神話を展開します。これが『井上主計頭覚書』という書物です。これを貝原益軒が一六八二年（天和二）に、おそらくこの時手に入れたのでしょう、これに改訂を加えております。その奥書に、ある本を手に入れて、そこに改訂を加えたのがこの『東照宮御遺訓』であると書いています。そのとき、こういう仏教的な文言を全部削り、これを儒教的文言にすりかえてしまう。そしてそれが流布するようになったわけです。

そういう改訂が加えられる以前の覚書が、おそらく家光政権の周辺において、仏教的性格をもった治国論として、また家康阿弥陀仏論として登場したであろうと思います。

それからもう一人、鈴木正三という人物です。鈴木正三というのは、ご存知の方も多いと思いますが、三河出身の旗本です。あるとき、ふと世間がいやになって坊主になり、そして職業はすべてこれ仏行である、菩薩行であるという「職業仏行説」を唱え大変有名になっている人物です。その鈴木正三が、その著書『念仏草紙』（『鈴木正三道人全集』）という仮名草子の中で、

M　神といひ仏といふは、水となみとのかわり也。本地一体にておはします。まづ、日本の御あるじ、天照大神を始奉り、熊野の権現も。本地あみだにておはします。其外の神々、本地あみだならざるはすくなし。

と名前はいろいろ変わるけれども、神仏はすべてこれは阿弥陀仏であるという考え方を展開しています。おそらく一般の人々の信仰形態は、何仏であるということはどうでもいい、仏の名前はどうでもいいわけで、すべてわれわれを救ってくれる仏ですから、それは弥陀である。弥陀という名前で、仏も神も全部一括して考えています。こういう正三の言葉からすれば、東照大権現という仏になった家康の名前と、阿弥陀仏は違わないのではないか、東照大権現も実は阿弥陀仏であると観念したと言っても構わないわけです。

寛永九年に将軍秀忠が亡くなりますと、正三は下賜されました秀忠遺金を元にして、三河の山中に石平山恩真寺という、まことに小さいのですが、お寺を開きます。そして観音を本尊として、両脇に東照権現と台徳院秀忠の位牌を祀ります。さらに島原の乱が起こると、弟の重成が鉄砲隊長で従軍したこともあって、乱の後に正三は島原へ入り、そして荒廃した島原の地の復興に乗り出します。二十三か所のお寺を造り、そしてその中心に浄土宗のお寺を建てます。そしてそこに恩真寺と同じように東照大権現・台徳院の位牌を安置して、将軍すなわち弥陀の力によって人々を教化しようとするのです。島原の復興に東照大権現の力を借りて、人々をキリシタンから改宗させていこうということをやるわけです。このような正三の『反古集』(同前)という書物の中に、

N　聖王正治ヲ敷シ玉フ即ハ、万民自ラ安ンジ

という言葉が出てきます。これも、何か所も出てこなくて、一、二か所しか出てきませんが、おそらくこの「聖王」も、転輪聖王を意味しているのであろうと思われます。そして正三は、幕府が、将軍家が音頭をとって仏法の興隆に努めていくことが、国家を治めていくことに一番重要なことである、何とかしてそれを将軍に献策したい、ということをずっと思い続けて、死んでいくわけです。できれば幽霊になってでも、幕府にそれを献策したいという言葉を残しております。そういうふうにして「聖王正治」、転輪聖王の政治とい

うものを望んでいました。

五　綱吉期における始祖神話の成立

こういう時代が過ぎ、次に綱吉の段階に入ります。十七世紀末期から十八世紀初頭の頃です。そのときに綱吉の課題は家光段階とは変わり、家光が作り上げた神聖徳川体制というものを、さらに将軍専制権力として確立しなければならない、言い換えれば、将軍権力を転輪聖王の権威として明確にしていかねばならないという課題を背負っているわけです。それが有名な「生類憐みの令」、つまり犬を殺してはならないという法令です。犬を殺してはならないという点だけが強調されていますが、そうではなくて、「生類憐みの令」の一番の根幹は、「慈悲の心」、これを持つということです。慈悲による政治を展開しようという政策です。

将軍綱吉というのは家康にならい、論議ということを非常に多く行っています。さらには儒教にも大変関心があり、大名の屋敷に出かけては四書五経を講義するということを、月に二度も三度もやるわけです。さらには湯島の聖堂を造り、林鳳岡を大学頭に任命して儒者を登用します。それからもう一つは朝儀復興と申しまして、たとえば即位儀礼である大嘗会、これを復興したのが綱吉です。それからもう一つは服忌令、つまり親が死んだら何日間喪に服さなければならない、母の場合は何日であるという、いわゆる忌引きの始まりです。律令制から行われてきたものですが、これを改めて武家の法令として発布します。すると、この服忌令がたちまち人々の心を引きつけ、侍だけでなく、江戸の庶民までもが忌引きというものをやるようになりました。以上のように、綱吉は仏教のみならず、儒教・神道などすべての宗教に大変な関心を持っておりました。それは、とりもなおさず、綱吉自身が転輪聖王として政治を行っていくことを目指していたからにほかならないわけです。

そういう綱吉の側近に護持院隆光という祈禱僧がいたことは有名ですが、それに勝るとも劣らない重要な役割を演じた、顕誉祐天という僧が登場します。この顕誉祐天という人物は、後年に有名になりました「真景累ヶ淵」という怪談がございますが、その怪談のもとになった、累（かさね）という女性についた悪霊を退治した話が出版されて名を上げた、浄土宗の僧侶です。さらにその名声を高めたのは、お産に関わる女性の苦しみを、念仏によって治癒することでした。近年、高田衛という国文学研究者によって「江戸の悪霊祓い師」という名が付けられ、再び脚光を浴びております。そういう江戸で知られていたマジッシャンです。このマジッシャンが、綱吉の大奥へ登場してくるわけです。

綱吉は世継ぎに恵まれません。それで何とかして子供がほしいと念願していますが、懐胎しても流産するというようなことが続くわけです。それで大奥の女性たちが非常に悩んでいる。そういうときに、江戸の市中でお産の霊験が非常にあらたかであるということを聞いた綱吉の母の桂昌院という女性が、顕誉祐天を江戸城へ呼び寄せます。そして、機会を得た顕誉祐天が綱吉に語ったのが『松平崇宗開運録』だったわけです。史料O『中村雑記』という書物の中に、

O　東照公ノ浄土御信向ニテ、ヱンヱトコンク浄土旗ノ由来長々トイタサレ

と顕誉祐天が語ったとありますが、祐天が綱吉の御前で「厭離穢土、欣求浄土」の旗の由来を語ったことが、史料Pのように、『松平崇宗開運録』の中に書かれています。したがって、この『中村雑記』に示す浄土旗の由来というのは、顕誉祐天が、ここで『松平崇宗開運録』を物語ったことを示しています。

P　我に引導を授給ハれよかし。ここに居ながら極楽の聖衆の数に入度候と仰せければ、和尚聞給……白旗五本相調へ、壱本には厭離穢土欣求浄土云八ツ文字を書、是を君の軍旗と定、残四本の旗ハ明後日敵を寄る旗也。此上に君へ二世の甲冑を奉らんとて、白き帷子肩より裾迄背筋通り真中に名号一遍書下し、左右に観世音菩薩と大勢至菩薩と天下和順日月晴明等の文書て……

このようにして江戸城で初めて、『松平崇宗開運録』という松平家ならびに家康一代の

物語、それも先に述べましたような徳川の天下は弥陀授与の天下であるという神話的物語が語られたのです。やがてそれが、次の将軍の家宣の御前でも語られます。そしてさらには、八代将軍吉宗が江戸城の宝蔵に記録されていた物語を引き出しまして、それを坊主衆に写させて写本を作らせました。それ以来、写本が非常な数に増えているわけです。私は四年前に文部省から研究費をもらい、全国の図書館を調査してまいりましたが、現在までに発見しましたのが、八十数点の『松平崇宗開運録』、ならびにその類本の写本です。出版はされておりません。お寺や民間に所蔵されているものがまだまだあると思いますので、それらを調査すれば、さらに数十点追加可能だと思っています。おそらく現存するだけでも、百点ばかりの『開運録』が存在するでしょう。それらのうち御三家の、紀州家、尾州家の本は、非常に立派な装丁をした見事な写本です。その一方できわめて粗末なものもありまして、裏を見ますと、「この本を見た者は、必ず返してくれ」と書いてあります。貸本屋の本なのです。ですからおそらく、江戸の庶民から大名・侍たちに至るまで、この『開運録』に語られた、徳川の天下は弥陀如来から与えられたものである、というような考え方をよく知っていたはずであります。知っていただけでなく、おそらくそれを信じていただろうと思います。

話が前後しましたが史料QとRが弥陀天下授与説です。読むだけで十分に意味がわかるでしょう。

Q　某幾度も此界へ生れ来て松平の家へ天下を取渡さんと還来の大願を発す事、全く松平の家を贔屓仕にあらず、我ハ只万民を歎敷存れハ、万民の贔屓也。……此家へ天下を取渡す時ハ天下の主念仏宗なる故に上を学ぶ下なれハ、天下皆主君を学び万民自念仏を唱しかハ極楽に往生する者多かるへし、是我大願の発起するところ也。

R　国土治らされハ万民安穏ならす、是によって自念仏申者少し、念仏の行者少けれハ弥陀本願の行も空しくなりて往生遂げる者稀にして悪趣に堕するもの甚多し。……されハ君……真の武士の心にて天下を納め念仏の行を世間に繁昌させ、万民を現当二世共に相助んとの大悲利生の御志にて強敵を退治し給ハヽ、仏菩薩諸天善神の守護有て、国家を悩す悪人ハ自滅すへし。……此時に弥陀の諸神より天下を取て君へ渡し給ふ也

Qは松平家の親忠に対して大樹寺の勢誉が告げる言葉、Rはこの勢誉の生まれ代わりの大樹寺の登誉が家康に告げる言葉で、この世は乱世であって弥陀の教えが行き届かず、念仏する者が少ない。そこでこの念仏は信者である徳川家康が天下を取るならば、主君が念仏者であるから万民は念仏し、万民は現当二世の利益を受けるであろう。したがって、そういう念仏の大将である家康に、弥陀から天下が授与される、こういう論理です。そうす

ると、徳川家歴代ならびに徳川将軍というものは、弥陀に代わって人々を極楽へ導く役割をするわけです。言ってみれば菩薩です。それを「天下弥陀授与説」と申しておきますが、いわば日本型の王権神授説です。日本型の王権神授説がこの段階で生まれたと考えております。そしてもう一つの家康阿弥陀説、この両者がセットになりまして、これをもって、いわば「徳川王権の始祖神話」というものができ上がっている、そのように考えてもよかろうかと思います。

六　都市の神聖性

都市の問題はほとんど触れることができませんでしたが、プリントに図を挙げておきましたので、簡単にそのことだけお話しします。豊臣期の大坂の図を見ますと、豊臣期の大坂というのは、北側に天満寺内の寺内町があります。そして大坂城をはさんで南側に、生玉ならびに谷町筋の寺町があって、さらに南に四天王寺があります。寺―城―寺という、こういう南北線の構造なのです。こういう南北ラインを基軸にして、その次に、西端のほうに、津村御堂・難波御堂という本願寺東西両別院が、現在の御堂筋にあります。この位置を考えていきますと、津村・難波別院と大坂城が、真正面から向き合っているという形です。南北を貫くラインと、この両本願寺と大坂城を貫く東西ラインとがクロスしている。この二つの軸を中心にして、大坂という都市は作られていると考えていいと思います。

それなら、一体この二つのラインは何なのか。南北ラインの北端は、天満寺内からその周辺、曽根崎あたりにかけては墓地です。それから南の方は道頓堀、千日前あたりが墓地です。そのような南北ラインの真ん中は人間が生活する生の部分、その両端が死の部分、生と死のライン、これが南北ラインにあたるわけです。真ん中で生き、南北で死んでいく。それに対して、これに直角に交わる東西のラインというのは、阿弥陀如来と豊国大明神を結ぶラインです。これは人々を救っていくラインです。つまり東西の救済のラインと南北の生死のラインが直角に交わっているという、こういう都市構造を持っているのが大坂という都市なのです。そしてやがて十七世紀の半ばになりますと、この大坂という街を取り巻くように大坂三十三観音というものが生まれ、天満の寺内から東回りにまわりまして、大坂城の南へ出て、次いで谷町筋、生玉筋の寺町を結んで、そして難波別院、津村御堂のあたりで終わるという、大坂をぐるっと取り巻く三十三観音が生まれるわけです。そうすると、生と死のライン、救済のラインがクロスして、その周りを観音が取り巻いているという、これが大坂という都市の構造です。このような構造が、おそらくはいろいろな都市に見られるのではないかと思っています。

最後に京都を見ておきます。まず七条通りの東西ラインに両本願寺があり、このラインを東へ延長しますと現在の国立博物館がありますが、かつてあそこに秀吉が造営した方広寺大仏殿があったわけです。このラインをさらに東へ延ばし今の京都女子大の上へ行きますと、阿弥陀ヶ峰があります。ここに秀吉の墓が存在します。すると、七条ないし六条の東西ラインというのは、本願寺という阿弥陀と阿弥陀ヶ峰上の豊国大明神を結ぶ救済のラインということになります。京都の市街地は南北を軸にして展開していますが、この南北の軸に対して、このように直角にクロスする救済のラインが設定されているのです。

こういうことを各地の城下町で検証していきますと、大坂や京都のようにははっきりしませんが、城・東照宮、それから本願寺別院の位置、それからお墓の場所、生と死のラインと救済のラインとが、何らかの形でクロスしているという、こういう都市構造が、全国至る所で見つかってくると思います。そうすると近世の都市というものは、単なる世俗的な町ではなくて、そういう神聖な空間構想を持った、そういう都市なのではなかろうかと考えられてくるわけです。そこには権現様を祀る東照宮、あるいは豊臣秀吉を祀る豊国社、ないしは大名を神として祀る神社、そういうものが一つの基軸をなして、そして神聖都市を形成しているのではないか。そう考えていけば、大名ならびにその権力というもの、将軍権力も大名権力も、これは共に神聖王権とその一角を担うものとして都市を形成することで、近世社会の中核を形成していたのではないのか、そういうことを明らかにしていきたいと思っております。

とりあえず、近世世界の権力構造、都市構造というものは、そういう宗教性を抜きにしては語れないものである、むしろ宗教性によって成り立っているのだ、ということを申し上げて、終わらせていただきます。

思ふこと叶はねばこそうき世なれ

はじめに

「思ふこと叶はねばこそうき世なれ」と、妙な題を出しました。「あれは本人のぼやきではなかろうか」と、こういう声が聞こえてまいりまして、言い当てられたという感じがしております。

ぼやきなら、こんなところで大きな声で言うべきことではございませんけれども、私のぼやきが単に私一人のぼやきではなさそうな、そんな感じを心の中で持っております。世の中全体が「思ふこと叶は」ぬという、そういう状況の内にあるといいますか、そのようなことを感じてならないわけです。

この言葉は、私が思いついた言葉ではありません。江戸の初めの文芸書、仮名草子といわれるジャンルに入るものですが、そのいくつかの作品に見出すことができます。実は、大学院の文献研究で、昨年から今年にかけて仮名草子を順番に読んでまいりましたが、その中で、この言葉が大変に重要なものとして印象に残ってきました。

江戸の初期の人たちが、当時の現実を「思ふこと叶は」ぬというように認識したわけですが、それとともに「叶はねばこそうき世なれ」と、「……こそうき世なれ」というところに要があるのですが、そこに「思ふこと叶は」ぬと認識した現実を、いかに生きていくかということが表現されているように思います。ですから「思ふこと叶はねばこそうき世なれ」、この言葉の中に江戸初期の人たちの現実認識、そしてそれを承けての自分の生きざまの表現、そういうものが示されているように思っております。江戸初期という時代の中で、現実を認識し、そして生きていった人たちの生きざまを考える、そのことが現在も同様に思うことがかなわぬ世ですから、だから「うき世」であるとして生きていくかどうか、そういった問題を考えていく一つの手がかりになるのではないか、そんなことを考えているわけです。

一　『浮世物語』の浮世

この「思ふこと叶はねばこそうき世なれ」という言葉は、その方面ではかなり有名な言葉です。寛文六年（一六六六）に出ました『浮世物語』（日本古典文学大系『仮名草子』）という仮名草子がございます。真宗の僧籍を持っていて、四条本性寺の住職であった浅井了意、非常にたくさんの文芸作品を残したこの時代の代表的な仮名草子作者の作品ですが、その『浮世物語』の冒頭部分にこの言葉が出てきます。そしてこのことによって、『浮世物語』という作品が、後の元禄時代に現実となった「浮世」ということを初めて意識的に問題として取り上げた作品であると言われています。そういうことで『浮世物語』は大変有名な作品であり、同時にその冒頭の「思ふこと叶はねばこそうき世なれ」という言葉が有名になっているわけです。

この言葉の意味するところを考えてみますと、「思ふこと叶はねば」はわかるとして、「こそうき世なれ」というのは実は大変わかりにくい。思うことがかなわない世の中は「うき世」だと言うのですが、「うき世」は、「浮かれる世」なのか「憂いの世」なのか、どちらなのでしょうか。『浮世物語』の冒頭部分では、

万につけて心に叶はず、ままにならねばこそ浮世とは言ふめれ

と、万につけて心にかなわない、ままにならないから、だから「浮かれる世」、「浮世」であると言うのです。ままにならないからこそ浮かれるのだと言うのですから、逆説的な意味で用いられているので、ままにならないのなら、そのことを憂いていても仕様がないか

ら、浮かれて生きるしかないんだ、そういう逆説的な用法なのです。

その文章のあとに反論が加えられます。

いやその義理ではない。世に住めば、なにはにつけて善悪を見聞く事、皆面白く、一寸先は闇なり。

と述べられます。世の中はみな面白いけれど一寸先は闇なんだ、という認識が示されますが、それでは「憂いの世」の「憂世」になってしまいますので、その次にはこれをひっくり返すように、
なんの絲瓜の皮、思ひ置きは腹の病、当座〳〵にやらして、月・雪・花、紅葉にうち向ひ、歌を歌ひ、酒飲み、浮きに浮いて慰み、手前の摺切も苦にならず。沈み入らぬ心立の水に流るる、これを浮世と名づくるなり。

と述べられます。これはもっと積極的で、一寸先は闇なのだから、それにくよくよしていてもしかたがないから、積極的に浮きに浮いて暮らしていけ、このように主張されているわけです。こうなってきますと、「うき世」というのは「憂い」ではなくて、明らかに浮いて暮らしていく「浮世」になってまいります。思うことがかなわぬ世だからこそ浮かれて生きるんだという、こういう考え方が、やがて元禄という時代を生み出してくるわけです。

しばらく前には昭和元禄と言われていましたが、今は平成元禄と言うべきであろうと思います。平成の若者も、思うことがかなわないから浮きに浮いて遊んでいる点では、元禄も昭和も平成も変わらないのですが、「思ふこと叶はねばこそうき世なれ」の、「思ふこと」が欠けているのではないか、放棄しているのではないか、思わねばこそ浮世なれというように感じられてしかたがないのです。そういう意味では浮世状況は昭和元禄から平成元禄へと、いよいよ深まったなあと思うわけです。

脱線しましたが、本題に戻れば、『浮世物語』の主人公は瓢太郎という人物なのですが、彼は後に浮世房と名前を変えて出家スタイルになります。浮世房とは大変面白い名前ですね。坊主というのは浮世を捨てるはずのものですから、坊主でありながら浮世でもあるというのは逆説的で、あるいは作者了意がそうであったように、真宗の僧侶のイメージかもしれません。そしてこの浮世房は、世の中を浮きに浮いて流れて行って、そして最後は蛻《もぬけ》の殻となって、何処へ行ったかわからなくなってしまいます。『浮世物語』はそういう物語なんですね。ですからそこで浮きに浮いて流れて行くけれども、結局、何処へ行くかわからないのです。それが元禄の西鶴の好色物になってきますと、たとえば世之介という人物は浮きに浮いて流れて、最後は船に乗って女護か島へ、理想の世界へ船出して行かなければならなくなるわけです。そんな西鶴の作品のいわば先取りをしたのが、この『浮世物語』だったのです。

そこで、「思ふこと叶はねばこそうき世なれ」という言葉、あるいはそこに示された認識のしかたが『浮世物語』に帰結するまでに、江戸の初期からどのように展開してきたかを考えることが本日の主題になるわけです。

二 『恨の介』の往生

この言葉が一番最初に見えるのは、おそらく『恨の介』（日本古典文学大系『仮名草子』）という作品だろうと思います。* これも仮名草子で、慶長十七年頃に書かれた作品です。その中にやはり「思へども、思ふこと叶はねばこそ憂世なれ」と出てまいります。ここでは「うき世」は「憂」という字を使っています。

＊この言葉の初出はさらに遡る。謡曲『安宅』に「その忠勤も徒らに、なり果つるこの身の、そもなにといへる因果ぞや。（子方）げにや「思ふこと、かなはねばこそ憂き世なれと」」と見える。秀吉の朝鮮再侵略に従軍した真宗僧侶安養寺慶念の『朝鮮日々記』慶長二年十二月十一日条に「業平のいせ物語にも、おもふ事かなわねハこそうき世なれかなわぬまでをおもひてにしてとありけれハ」と、『伊勢物語』の言葉とするが、同書には見えない（『朝鮮日々記を読む』法藏館、二〇〇〇）。

この『恨の介』という作品は、近世文芸の最初のスタイルである仮名草子の、その第一作と言うべき作品で、恋を主題とした物語なのですが、それ以降に出現する恋物語の先駆けでもあります。その主人公の恨の介は、見かけは歌舞伎者風の、現代的に言えばツッパリスタイルの青年で、名前も葛の恨の介。仲間には松の緑の介とか、中空恋の介とか、奇妙な名前をもった青年たちがいます。そのツッパリの恨の介が、たまたまこの仲間から外れ、一人で清水へ参ります。当時の清水は大変にぎやかな場所で、

ここやかしこに集まりて、思ひ〳〵の物語。「これよりすぐに豊国へ」、「いざや我等は祇園殿」、さては「北野へいざ行きて、国が歌舞伎を見ん」という人もあり、「東福寺の橋にて踊らばや」、「五条にて慰まん」

というように、これから遊びに行く相談をしております。そして、

心の慰みは浮世ばかり、……「夢の浮世をぬめろやれ、遊べや狂へ皆人」

と遊べ狂え、これが浮世だというような情景が述べられます。

その中で、恨の介は一人で物思いにふけっていて、人々の中に入って行けません。一体何を物思いに沈んでいるのかというと、次のように書いてあります。

過去の因果と思へば、歴然の道理に任せ、我と我身を慰むばかりなり。

よくわからないのですが、何か大きな過去の因果を背負っており、そのことが人々の浮

きに浮いて遊び狂えといったところに入っていけない、そういう自分であることを、物思いにふけっているわけです。

ところがその近くで、遊宴をしている女性の一群がありまして、その中の一人をこの恨の介が見初め、帰りの跡をつけて行きます。この女性は雪の前という名前で、近衛殿の身内の者であることがわかりました。大変尊い身分の女性だったわけです。それでも何とかして逢いたいものといろいろ思案をめぐらすのですが、なかなか手段が見つからない。そしてこの恋は実らない、自分の持っている因果のゆえに、結ばれることのない恋かなあと深く感じております。

それでも何とかして逢いたいと、清水の観音に祈りを捧げます。まことすさまじい祈りで、

この恋叶はぬものならば、仏も我を御殺し、殺生戒をば破らせ給はんや、と責めにぞ責めて祈りける。

と、つまりどうしても自分の恋がかなえられないならば、いっそ殺してくれ、そうすれば観音さま、あんたも殺生戒を破った罪で地獄行きや、一緒に地獄へ行こうと、こういうように、恋をかなえてくれなければ殺せと、観音さまを脅迫するわけです。

このような、観音さまを脅迫するなどというのはいかにも江戸時代らしい感じがします

が、それは、因果歴然の道理からいって決して結ばれることのないはずの恋、それをあきらめてしまうのではなくて、観音さまを脅迫してでもこの恋を成就しようという、こういう生き方が選ばれたことを意味しています。この恨の介に託して作者が言いたいことは、この世の中には因果歴然の道理、因果応報という厳然とした道理、人間を外から支配していく厳然たる力が存在する、このことは疑うことができず、人間はその原理の中で生きねばならないのであるが、しかしその原理にそのまま承服するのではなく、来世は地獄に落ちてもかまわないという覚悟で、自分を支配している因果律を破っていこう、本来どうしても結ばれるはずのないその恋を何とか成就させよう、そういう生き方の人間として、恨の介という人物を設定しているのだと思います。

ところで、ヒロインの雪の前という人物については、実に長い素性の物語が書いてあります。それによりますと、彼女は木村常陸介という人の忘れ形見である。木村常陸介というのは豊臣秀吉の甥で、跡を次いで関白となった秀次の一番家老です。秀次は謀反の罪に問われて切腹しますが、そのときに一番の悪役に仕立てられたのがこの木村常陸介なのです。その娘であるというのは、時代がまだ大坂の陣の前で、豊臣家が亡びていない慶長十七年ですから、豊臣家に弓をひいたとされる謀反人の娘です。そのような謀反人の娘という因果を背負い、近衛家に養われてひっそりと暮らしている女性が雪の前なのです。

さて脅迫された観音さまの仲介で、そのような因果の娘である雪の前に、恨の介が恋文を届けることができます。その恋文を受け取った雪の前は、返事を出すかどうか大いに迷います。そのとき、友達の菖蒲の前という女性がこのように言うわけです。

若き時の慣、女人となりて思ひの懸らぬ事も無し、山となりて霞の懸らぬ山も無し。以下の譬に申すぞかし、譬ひこの事漏れ聞え、武士共の手に渡り、水火の責を受くるとも、それ先の世の因果と思ふべし。

女と生まれて思いをかけられたなら一番幸せじゃない、思い切って恋に踏み切りなさい、このことが人に知られて責めを受けることがあっても、それは前世の因果と割り切っては、というようなところでしょうか。ここでもやはり恋が成就しない因果の中に住んでおりながら、それを女と生まれたからには、とですね、積極果敢に突破して恋に生きようという女性がいて、彼女に励まされて雪の前は恨の介の求愛に応じていくわけです。そうして一度だけですが契りを結ぶことができたのですが、その別れの朝に恨の介が、今度は何時逢えるかと言葉をかけました。そのとき雪の前が「後生にて」と答えるわけです。しかし恨の介はこの言葉を大変深刻に受け止めまして、「後生にて」とは、もうこの世では逢えない、あの世でしか逢えないのだと判断して、ついに悶え死にしてしまいます。それを聞いた雪の前は、あれはそんな深い意味で言ったのではなく、また今度ね、といった程度のことだったのに、それをあの人は深刻に受け止めて死んでしまったと悲しみ、彼女もまた空しくなってしまいます。

因果の世界の中で、因果を破って恋を成就した二人が、共に死ななければならなかった。それを憐れと思った人々は、二人を共に荼毘に付すのですが、そのとき、弥陀三尊が来迎し、紫雲たなびく奇瑞が起こり、二人は極楽に往生したと話は結ばれます。「希代不思議の恋路」と称えたとも書かれています。

ということは、この因果律の世界の中で因果律に従って生きていけば、この世は恨みの世でしかない、憂いの世であるということになりますが、恋をかなえるということで積極果敢に因果を破った。現世で二人は添い遂げることができませんでしたが、来世においてこの恋はどうしても成就されねばならない、そのためには二人は往生しなければならなかったのでしょう。因果を破り、現世において思うことがかなったようでありながら、添い遂げることができずに来世でなければ成就しない、そういうところに、この時代の大きな限界があったのだろうと思います。そうであるといたしましても、恨の介の恋が往生で終わるということは、現世で成就し得なかった恨みが往生を呼び出したというようにみれば、まことに妙な言い方になりますが、恨みの往生とでもいうような、往生のしかたであった、ということを思います。

そういうわけで、この『恨の介』という作品は、因果律が支配する憂いの世、前世の因果に従っていかなければならない、そういう憂いの世を、積極果敢に生きることにおいて、未来に向かって新しい種を蒔いていこうという、そういう意味での自己変革、因果に縛られている自分を因果から解放していこうという、そういう動きとしてあったように思うのです。

三　『薄雪物語』の行き詰まり

ところがやがて、同じく「思ふこと叶はねばこそうき世なれ」という言葉を持つ『薄雪物語』（日本古典文学全書）という作品が生まれてきます。出版年次がはっきりしないのですが、多分、寛永の初年のことと思われます。物語としては単純であまり面白くないのですが、『恨の介』を踏まえた、そのパロディであることが明らかな作品です。薗部の衛門という主人公が、清水で薄雪という女性を見初めまして、十数通にわたって恋文を書きます。それに薄雪がいちいち返書を書くわけで、その手紙のやり取りだけが延々と続く、そういう小説です。ところがこの『薄雪物語』は、江戸時代に何度も版を重ね、『新薄雪物語』が出現し、歌舞伎にまでなるほどの人気作品なのです。恋文の教科書的なものとして用いられたのだという説もありますが、その人気の秘密は何なのか、私にはよくわかりません。

この薄雪という女性は人妻で、大変な貞女であり賢女ともいうべき女性で、薗部の衛門の恋の誘いを頑として受けつけないのですが、最後に突如としてなびくわけです。読んでいてなぜ薄雪が突然なびくのかどうもよくわからないのですが、そのなびき方は、薄雪が最後に、自分は谷間の日陰の薄雪の身だから、恋なんていう日の当たる場へ出ることはできないという、拒絶の返事を出したことがきっかけになります。そこに知恵者がいまして、その手紙を見た。そして、谷間の薄雪とは、人知れず融けるという謎なんだと解きました。そこで二人の逢瀬が実現することになります。

なぜ薄雪は謎をかけたのか。薗部の衛門の恋文を見ていきますと、いくつか気になることがあります。たとえば、こういう言葉です。

一念五百生、懸念無量劫、生々世々の間に、深き怨みの尽きずして、煩悩の犬となる。あまたの地獄をおひめぐり、因果の程をば達すと申し候へば、身の上も遠からず。今生はさて置きぬ。後世の道をも君故地獄におちん。うらめしや。

このように、最後を「うらめしや」と結んでおります。「君故地獄におちん」と言うほどでしたら、これは恋文の常套文句だとすませてもいいのですが、「うらめしや」となると尋常ではない。「五百生」の間、これは「無量劫」と同じ意味でしょうが、永遠とも思われる長い間の深き怨みであり、そのゆえに煩悩の犬となって多くの地獄を経巡ってきたのだ、だからこの現世において、この恋を成就しなければ来世もまた地獄であるという、まことに深い、因果の輪廻転生とそこからの脱却への願いが、この「うらめしや」にこめられています。ここにも恋を煩悩として退けるのではなく、逆に煩悩である恋ゆえに地獄を経巡ったのだから、恋を成就することこそ地獄からの脱却になるという思考法が見られます。藺部の衛門が背負った地獄を経巡るような前世の因果、恋がどのようなものであったかは語られていませんが、何か深い因果を背負っていたことは間違いないところです。その因果を背負って延々と恋文を書き続けたのです。

相手の薄雪も、藺部の衛門の背負っている因果にどうやら気づいたようです。そこで自分も人知れず谷間で融けていく、そういう日陰の身である因果を背負った者なのだと謎をかけたのでしょう。そのことによって二人は結ばれる、そういう物語なのだろうと思います。そのように理解しますと、この二人は、何か具体的にはわかりませんが、共に大きな深い因果に捉われていて、そしてその中で打ち沈んでいるだけではなくて、『恨の介』同様に、何とかして恋を成し遂げることで破っていこう、このように考えているわけです。因果という世界、自分を支配するわけのわからない大きな力、それから脱して、最も人間らしく生きていこうとすることが、恋ということとして表されているのではなかろうかと思います。

そのようにして結局二人は結ばれます。そして幾度か逢瀬を重ねていくのですが、ここは『恨の介』とは違っておりますが、ところがある日突然、薄雪は病気になってあっけなく死んでしまいます。それを知った薗部の衛門も、驚いて出家し、薄雪の菩提を弔って二十六歳で往生したと、簡潔に話は終わってしまいます。薗部の衛門は往生したが、それじゃ薄雪は往生したのだろうか、そのことは何も触れられていません。『恨の介』では二人とも往生したのですが、『薄雪物語』では薗部の衛門と薄雪の二人が因果を破って恋を成就したのですが、来世で二人はどうなったのか全くわからないのです。ここに時代の行き詰まりを感じます。『恨の介』が慶長の末年、『薄雪物語』が寛永初年といたしますと、その間に二十年近い隔たりがあります。『恨の介』では、次第に閉塞してくる時代状況ながら、突破の可能性が残された時代だったのでしょうし、『薄雪物語』ではその可能性が閉ざされてきた、因果を破ってはみたものの、行く先不明で行き詰まってしまった、そんな状況がこの作品の中に示されているようです。薗部の衛門の恋文の五通目に、『恨の介』にあった「げにや、思ふことかなはねばこそ、うき世なれ」という文句が見えていますが、この「うき世」はやはり憂いの世です。その原因は、突然の薄雪の死に象徴されるように、無常ということにあります。因果を突破してみても、無常という大原則の前には、すべては虚無化されてしまいました。「思ふこと叶はねばこそうき世なれ」という言葉は、思想課題として継承され、展開されて、新しい課題に突き当たった、ということでしょう。仮名草子というテキストは、そのような民衆思想の課題の継承と展開を示すものなのです。

四　『露殿物語』での浮世化

このような『恨の介』『薄雪物語』という恋物語の系列のうちから、もう一つ『露殿物語』（日本古典文学全書『仮名草子・浮世草子』）という作品が生まれます。これも寛永初年頃の成立と思われます。ここでは「思ふこと叶はねばこそうき世なれ」という文句は見当たらないのですが、それに代わって大変大事な言葉が主題になります。それは「煩悩即菩提」という言葉なのですが、それは、遊女との関係において語り出されます。

この作品の冒頭は、神代の昔から男女の語らいというものは変わることなく続いてきたのだが、

遊女といふものいできて、人の心を浮からかし、万の興となれりける。目にみえぬ鬼神もあはれとおもはせ、たけき武士の心をもなぐさむるは遊女の道なり。

というように、遊女は人の心を慰めるものとして出現したと、遊女礼讃から始まります。そして続いて、

ただ遊べ、なぐさめとて老いたるも若きも、貴きも賤しきも、遊女にたはぶれあそぶとかや。つら〳〵古をひいて今を見るに、歌ふも舞ふも法の声、悪といふも善、煩悩といふも菩提なり。

と、遊女にたわぶれ遊ぶところに「煩悩即菩提」があると語られ、これがこの作品のテーマになっています。「思ふこと叶はねばこそうき世なれ」を前提としながら、一転して、思うこと、つまり煩悩が、成就することがそのまま菩提でなければならないという「煩悩即菩提」が、新しいテーマ、課題として登場したことを示しています。

さて、物語の大筋をまず申し上げます。主人公の露殿、正しくは朝顔の露の介という名前ですが、この露殿があるとき庭の木を眺めておりまして、突然、無常感に誘われます。突然無常感が出てくるので、まことに唐突でプロットとしては非常に弱いものですが、ともあれ突然無常感に襲われたわけです。そしてこの世を厭う心を起こしまして、これは舞台は江戸なのですが、浅草の観音さまに祈願いたしまして、「道心堅固、即証菩提」を願います。自分が今思い立ったこの世を厭う気持ちを堅固に保って、そして菩提の道に至りたい、こういう願いを浅草の観音さまにかけるわけです。

浅草観音は七日が過ぎた暁に夢に現れ、この露殿に「煩悩即菩提」と告げるのです。話がいささか食い違っています。露殿は「道心堅固、即証菩提」と願ったのに対して、浅草観音は「煩悩即菩提」と告げたわけですから、願いと夢告は一致しません。この食い違いが物語となって展開し、「道心堅固、即証菩提」から「煩悩即菩提」へ行き着く過程がこの物語の主題となります。

浅草観音から夢告を受けた帰りに、露殿は早くも吉原の遊女を見初めてしまいます。そしてこの遊女と深い仲となり、ついに駆け落ちということになります。しかし途中で捕えられて、女は引き戻されてしまい、二人は別れ別れになります。悲嘆に暮れた露殿は、その女の行方を探して東海道を京に上ってまいります。道々、行く先々で女の面影を偲びながら、道中を重ね、京へ到着するのですが、六条三筋町の遊郭へまいりますと、ころっと気が変わりまして、有名な吉野太夫に惚れてしまい、二人は深い仲になります。そうこうしているうちに、恋人だった元吉原の遊女が消息を聞きつけて京都へやってまいります。そこで露殿は、吉原の女と吉野太夫の二人の板ばさみとなってしまう。散々困ったあげくに、問題解決の方途に出家という道を選ぶわけです。

物語の粗筋を申し上げましたが、それならこの物語は一体、何を言わんとしているのだろうか、ということになります。二人の遊女との板ばさみを煩悩に惑っている状況と押さえますと、その煩悩を断ち切って出家すること、そこに菩提への道が開かれた。だから二人の遊女に板ばさみになったという煩悩が縁となって、それを断ずることで菩提への道へと転じたのだというわけです。「道心堅固、即証菩提」という露殿の願いは、遊女の板ばさみを縁として成し遂げられた、こういう筋道になります。

ところが作者は、この物語を終えるにあたって、全く別のことを言い出します。

人間の八苦を見て、穢土を厭ふ時は、煩悩即ち菩提となり、天上の五衰おきて浄土を求むる時は、生死即ち涅槃となる。（中略）されば仏あれば衆生あり。仏法あれば世法あり。煩悩あればお傾城もあり。柳は緑花は紅のいろ〳〵。さて人間に遊ぶ事、遊女の道にしくはなし。

というのですから、中略を挟んでその前の、穢土を厭い出家することでの煩悩即菩提と、その後ろとは意味が異なっています。後ろのほうでは、仏・仏法と、世法・煩悩・傾城、すなわち遊女が、「柳は緑花は紅」のように「即」の関係にあると言われていますから、これが本来の意味での煩悩即菩提なのです。それならこの物語は、一体どちらの煩悩即菩提の立場に立っているのでしょうか。初めにお断りすべきだったかもしれませんが、この物語は、一番最初の序の終わりで、

しからばこの頃、所にふれし事の、あはれなりし物語、一つ申しはべらん。

とあったことが思い出されます。そもそもこの『露殿物語』は、「あはれなりし物語」だったのです。つまり主人公露殿の煩悩を断って菩提を求めた生き方は、本当の煩悩即菩提を悟り得なかったのだと、最初に断ってあったのです。したがってこのあとがきに当たる部分の二つの煩悩即菩提は、当然ながら後者のそれが正しいのであり、露殿はついにそれを悟りえなかった憐れな男だったのです。さらに言えば、露殿の出家は、追いかけてきた吉原の遊女によって無理やりにさせられるのですが、そのことを踏まえてでしょうか、

さて人間に遊ぶこと遊女の道にしくはなし。されども今の世の遊君は、人の皮着たる狐なり。化かされ給ふな、人々よ。御用心、と呼はる声の下よりも、はや又恋しくなりぬれば、（中略）貴賤老若おしなべて、狂はぬ人こそなかりける。南無三宝、ちゃせんやこのさ〳〵。

と、人を化かす遊女と知りながら遊女に狂う人々を皮肉っています。こうなると、遊女という煩悩が即菩提であるというのも怪しくなってきます。煩悩を断じての即菩提は「あはれなる物語」でしかありませんが、それに対して遊女との恋が即菩提というのが肯定的に言われているようですが、それとても遊女を人の皮着た狐ということで、茶化されてしまっています。

『恨の介』と『薄雪物語』では、憂いの世をどう生きるかという課題にまじめに取り組

んできました。憂いの世で人間らしい生き方を求めて恋を成就することで、何とか憂いの世を突破しようという、そういう生き方もあるということが提示されていたのですが、この『露殿物語』になりますと、「あはれなりし物語」、「化かされ給ふな、人々よ、御用心」と茶化してしまうことによって、恋の成就を求めていくという、人間らしい生き方というものをむしろ断念して、化かされることを承知で遊女と戯れて遊ぶべきだ、そういう方向へ向かっていくわけです。そうしますとこの『露殿物語』は、後の『浮世物語』に出てくる浮きに浮いて慰めという、浮かれて過ごす世、そういう浮世化への第一歩が始まってきたことを示しています。浮世化ということは、現実を「思ふこと叶はねばこそ」というようにして、執拗に現実にこだわっていくのではなくて、現実は浮かれる世である、「思ふこと叶はぬ」ゆえに遊んで暮らせというように、いわば現実認識を放棄してしまうわけです。そのことで、「思ふこと叶はぬ」ということをどこまでも追求していく生き方自体も放棄されます。「思ふこと叶はねばこそうき世なれ」ということを、「煩悩即菩提」と転じた段階で、現実認識も、自己変革も、そういったものが一切放棄されていくような、そういう状況が現れてきたと思います。このような「煩悩即菩提」が、その言葉の持っている意味を正しく受け止めているかどうかは、あとで再考しますが、ともあれ以上のような意味で「煩悩即菩提」という、中世仏教で大きな課題となりましたこの言葉が、再登場してきたことに注目しておきたいのです。

五　『七人比丘尼』の煩悩即菩提

そこで、この「煩悩即菩提」がその後どのようになっていくのかを見てみたいと思います。『露殿物語』のままで展開したわけではございませんで、むしろそれを批判していく方向で展開いたします。

その批判を出したのが『七人比丘尼』（近世文芸叢書・三）という物語です。この作品も作者は不明です。今まで取り上げてきた物語はいずれも作者不詳なのですが、『七人比丘尼』は中世成立と言われており、江戸の作品として扱うべきではないとも言われますが、現在残されているものは寛永初年の版本ですので、成立は中世であるにしても、この頃に改作されたと考えられ、その意味で仮名草子として扱ってよいと思っております。

さて、この『七人比丘尼』の物語というのは、善光寺近くの関川という宿場で湯接待、つまり風呂をわかして人々を接待することで功徳を積む作善行なのですが、それをしておりります老比丘尼のところに、たまたま寄り集まりました五人の比丘尼と主人の老比丘尼、この六人の比丘尼が各々自分の前世を懺悔すると、ここに寄宿しておりました若い比丘尼がそれを批判する、という構成です。一人ずつ申しておりますと大変時間がかかりますので、まとめて申し上げますが、老比丘尼を含めて六人の懺悔物語というのは、二人の男の板ばさみになって出家したとか、あるいは長い間子供に恵まれず、やっと授かった子供に夫が鶴を料理して食べさせようとしたところが、包丁の柄が抜けて子供に突き刺さり、死なせてしまい、それをはかなんで夫も死んでしまったので、それを縁として出家したとか、さらには戦いで離ればなれになった夫を訪ねて筑紫の国まではるばる下ったところが、その前日に夫が討ち死していたことを知って、世をはかなんで出家した。また一人の比丘尼は早くから世の無常を感じて出家の望みを持っていたが、夫が承知しなかったので、夫に一緒に出家を勧めたとか、このような物語が延々と連ねられております。一人ひとりの物語が終わるとお互いに、

是を菩提の種として出家したまふこと、くりかえしくりかえし、有難くこそはんめれ、

昔より今にいたるまで皆憂きことを縁として、後世の種とはなしさふらへ

とか、あるいは老比丘尼が、

是はまさに、観音の三十三身に身を顕じて、子となり妻となり、一切の衆生をすくひ給ふらめ

というように、世俗のさまざまな縁はみな、菩提へ導くための仏菩薩の方便だった、煩悩

を翻して菩提に趣くことこそ、まさしく煩悩即菩提であるとコメントをつけるわけです。
ところがただ一人、隣の部屋でこのような物語を聞いておりました若い比丘尼が、この話をひっくり返してしまいます。からからと打ち笑って言うには、

各のごとく恋慕哀傷のため云出し、しみじみと涙を流し給ふは、まさしくねごとにてあらずや。いとめずらしき煩悩即菩提の、さとりうけ給はるものかな

と、みんなが言っているような、世間のことを煩悩として断ち切り、翻して菩提の道に入ったのを煩悩即菩提というのは寝言に過ぎないと、真っ向から否定します。煩悩即菩提というからには、「即」の字が問題で、それは煩悩を翻して菩提に趣くことではない。そして、

いとめずらしき煩悩即菩提の、さとりうけ給はるものかな、みづからが心得たる、ぼんなふそくぼだいといへるは、しからず、煩悩と菩提とを、とりもなをさず、其性ふかとくにて、一じちのめうたいなるを、ぼんなふそくぼだいとは申也。

と言います。煩悩即菩提は「一じちのめうたい」のことをいうのだと言うのです。「一じち」とは「一子地」ということで、衆生を我が子のように憐れむ仏が、衆生と一体になっていることを言います。親鸞聖人の、

平等心をうるときを　一子地となづけたり　一子地は仏性なり　安養にいたりてさと

るべし

という和讃が思い出されます。私たちを我が子と憐れむ仏の慈悲によって、煩悩と菩提は一つになっているのだという意味でしょう。

さらにこの若い比丘尼は、達磨の三人の得法の弟子という話を持ち出します。

だるまに対して、にそうじが曰く、煩悩をだんじて菩提をせうずと、師の曰く、われ皮を得たり。次にたういくが曰く、迷へば即ぼんなふ、さとれば則ぼだいといへり、師の曰く、われ肉を得たり。第三にしかがいはく、もと煩悩なし、もと是菩提といへり、師の曰く、われずいを得たり。

第一番目の弟子尼総持が煩悩を断じて菩提と言ったのに対して、達磨は「皮を得たり」と言いました。第二番目の道育は迷えば煩悩、悟れば菩提と言ったので、これは肉である、そして最も要の「随」に当たるのは第三番目の弟子「しかが」の、「もと煩悩なし、もと是菩提」である、というのが達磨の煩悩即菩提であると言うのです。この話は『伝灯録』の達磨章に見える「皮肉骨髄」という逸話で、弟子は四人で名前や順番、悟りの内容はかなり違っています。

それはともかく、煩悩即菩提を「もと煩悩なし、もと是菩提」と言うのですが、これはまことに説明しにくい言葉です。けれども若い比丘尼が初めのほうで、三とくはみな、じつさうの妙体にて、しんげにほうなし、何をすて何をかさとり、何をかあいし何をかかなしむべけん、煩悩即菩提なればなり

と言っていること、つまり実相としての貪欲・瞋恚・愚痴の三毒、言い換えれば煩悩ですが、それらはすべて「しんげにほうなし」、漢字で書けば「心外無別法」、つまりあらゆる現象・現実、煩悩も心の現れでしかないという根本原理が説かれています。この言葉を踏まえれば煩悩即菩提とは、煩悩も菩提もすべて心の問題として「即」の関係にあるということになりますから、煩悩というものが独自にあるわけではなく、菩提と一体としてあるということを言っているわけです。このような話を出してくることで、煩悩を転じて菩提へ、つまり現実を仏道への否定媒介と捉える、そのような現実の捉え方は誤っている、現実というのは仏道のためにあるのではない、現実から突きつけられた課題、それをそのまま受け止めていくこと、そういうことが大きな問題ではないのか、こんなことを言っているのではないでしょうか。

この若い比丘尼、実は花山院の姫君というのが素性なのですが、彼女が他の六人の比丘尼たちのように煩悩を翻して菩提というのではなくて、心外無別法の立場からの「煩悩即菩提」の境地を獲得することができたのはどうしてなのか、こういう疑問がわいてきました。そこで、この花山院の姫君の物語を読んでみますと、彼女は天子の妃に定まっていた

女性だったのです。ところがある時、花若というみめ麗しい稚児に恋をしまして、二人は手に手を取って駆け落ちします。しかし追手に捕えられて二人は引き裂かれ、悲しんだ姫は出家しまして、諸国を巡って歩くわけです。

そういう話だったら、他の六人の比丘尼の懺悔物語と何も変わりないですね。恋の道行きに失敗して、それをはかなんで、つまり世間の縁をはかなんで出家したというのなら、何も変わったところはありません。ではどうしてこのような煩悩即菩提の境地が獲得できたのかという見地から見直してみますと、一番最後に、

御ぐしおろし花の姿も引きかへて、あさのころもにづた袋、うすかねはげて色くろく、ただ打ちやりの乞食にて諸国をるろうし給ひて、我ゆへかくはかなくなりぬる人の、菩提のためとて、寺々の貴きちしきをたづね、法文を聴聞し給ひしが、都を立て其後、加賀の国にやすらひ、こつじきひにんに打まじり、年久しくもおはせしが、

と、ここで乞食・非人に混じって生活していたということが出てきます。ここだけならば、ああそうか、で終わるのですが、もう少し続きまして、

又善光寺へと心ざしけるに、かたはらに寺あり、此僧さとりの人やとて、人あまたもてなしければ、これこそのぞむ所と思ひて、二年是にぞましましける。ある時は山谷にとじこもり、或時はこつじきに打まじり、大ゐん小ゐんのよそほひおこたらず、万

法一如のさとりを、ひらきたる人と申ふれし也

というように、乞食に打ち混じってということがここにも出てまいります。そしてその生活の内から「万法一如のさとり」を得たというのです。このことが他の六人の比丘尼たちと決定的に違う点です。少なくともこの文章を読む限り、「万法一如のさとり」を得たのは、「さとりの人」と思われる僧の下に二年とどまったことによるのですが、そこで師の僧によって導かれたのではなく、山谷での修行、乞食に混じっての修行が決定的な意味を持ったと解釈できます。ここに花山院の姫君の独自性があります。

乞食・非人に打ち混じりというのは、単に貧しい苦しい修行であったというだけの意味ではありません。乞食・非人という生を生きることは、忌み嫌われ、蔑視された生を生きるということであり、その生を因果によって定められたものとして受け止めていくことが求められる生です。その定められた生から脱却を許されないということです。自分たちの生き方が定められたものであり、脱出不能で、しかも耐え難い蔑視と貧困の生であれば、その生そのものが救いでなければ、救いということ自体が成り立ちません。こうした人々と生を共有したこと、それが乞食・非人に打ち混じりということであり、そこに「万法一如のさとり」の世界が見出されたのであり、そこから煩悩即菩提の解釈が打ち出されてきたのです。

この『七人比丘尼』によって、先に申しました『露殿物語』のような、煩悩を転じての菩提、一切の現実を仏道修行のための手段であるとして、それを転じ否定して、仏道第一主義でいく、そういう考え方はひっくり返されました。現実は仏道のためにあるのではなく、現実こそ問題なのだ、そこにこそ仏道がなければならない、このような考え方を現実即救済という意味での煩悩即菩提に転換されたのです。寛永初年に、このような思想的転換が起こっていると考えることができます。

おわりに

煩悩即菩提という言葉にちなんで申し上げますと、このような仏教用語、あるいは仏教の概念を、きっちり定義せずにいろいろなところに適用していくと、何か違ってしまうということが起こるような気がします。仏教のために、信心や救済のために現実があるのではなく、現実から与えられた問題を、仏教の概念、仏教用語、あるいは仏教的なものの考え方、それらで受け止めるとき、そのことによって現実を規定して終わりとするのではなく、その概念なり、用語なり、考え方なりが、現実と突き合わされてさらに豊かな内容を持ったものになっていく、それを再び現実へ返していく、そういう作業がいま必要なのではなかろうか、こんなことを思っています。もっとわかりやすく言えば、差別発言と指摘され、糾弾されて、それを自分の差別心の現れと受け止め、信心を深める機縁としていただいた、というようなあり方は、差別という現実を、信心という仏道への媒介項にして終わりにしているようです。そうではなくて、その深められた信心を再び差別という現実へ戻して、現実と切り結ぶ、そういうことが今求められている、ということです。

最後に一言つけ加えます。本日申し上げましたような歴史の見かたは、自分の思い込み、あるいは勝手な路線で過去の歴史を切り取って、勝手な歴史をつくっている、というような批判があります。お前は勝手に、近世初頭の仮名草子のうちから都合のよいものを取り出して、適当に並べ、しかもそれを今の現実へのアナロジーとして使っているのではないか、そんなものは歴史ではなくフィクションではないか、こういう非難をしょっちゅう聞かされます。

けれども、そのようなあり方が学問というものではないか、と思っています。過去の歴史を勝手に切り取ると非難されますが、そうではなくて、私にとってこのことが大変に大きな意味があることを、歴史から取り出しているのです。過去の多様な事象の内から、自分にとって意味があると判断されたもの、それが現代、今の世の中においてどのような意味があるのか、それを現実の中で検証していかねばならないのです。検証することで、自分が勝手に切り取ったものであれば、そういうものはたちまち瓦解するでしょう。逆に何らかの意味を持ったものであるなら、それは現実においてもやはり意味を持つでしょう。そういう現在的な意味で歴史をよみがえらせる、そういうことをやっていくのが歴史学だというように思っております。ですから不断の現実との触れ合い、切れ合いを不可欠の要素としますし、そういうものを失ってしまえば、これは完全に、勝手な切り取り作業にしかならないだろうと思います。

さらに、言わずもがなのことかもしれませんが、たとえば歴史学の方法は実証主義にあると言われますときに、その実証主義とは何なのだろうか、過去の出来事から意味のあることを発見して初めて実証ということが意味を持つのであって、たまたまそこに何かがあるからそれを謎解き的にいくら積み重ねてみても何にもならないのではないか、過去の歴史の中に意味あることを発見していく、そういう姿勢を持たない実証主義というのは、学問であるより技術でしかないだろうと思います。

「思ふこと叶はねばこそ」、この世を憂いの世にしていくのか、浮かれて浮世にしていくのか、それとも花山院の姫君の言ったような煩悩即菩提で生きていくのか、これから、こういったことを現実の中で検証していくのが、私に与えられた課題ではないか、と思っております。

江戸の真宗——研究状況と課題

はじめに

現在、江戸期の真宗というものがどのように問題にされているか、ということを紹介しながら、私の考えておりますことをあわせて述べる、という方法で進めたいと思います。江戸の真宗というとき、それが一体、なぜ、如何に問題なのか、ということから始めていきます。

江戸の真宗という問題を研究している学者は非常に少ないです。なぜ少ないかといえば、それが自分の生きざまに響いてくる、何かキラキラ耀くようなものとでも言いますか、そういうものが簡単に見つからないからです。ひと口に言えば面白くないということでしょう。それなのになぜ、江戸の真宗を研究しているのか、と問われるでしょう。けれどもやっているほうから言えば、逆に問題にされないことが問題なのです。なぜこれほど重大なことが問題にされないのか、こうした疑問、というより怒りみたいなものが、私の中にあります。

一　なぜ問題なのか――寺檀関係と民衆

それは、江戸の真宗や仏教を堕落形態と捉える目と関係がありそうです。真宗の寺の住職ならば、門徒の中に見えてくる真宗の誤ったあり方、たとえば、真宗門徒と言いながら祈禱的な念仏であるとか、先祖供養でしかないというようなこと、それらは江戸時代からの寺檀制度のうちで培われた供養の宗教、家の宗教のあり方である、というように、堕落形態に見えるものはみんな江戸時代に生まれたものだとして、そこに押し込めて切り捨てるわけです。このような見かたが、江戸の真宗を問題にしないことの根底に横たわっています。

研究されないで切り捨てられる江戸の真宗の典型が、寺檀関係・制度という問題です。おそらく寺檀関係の研究などということをやったのは、真宗教団の中では私ぐらいでしょう。その結果、寺檀関係・制度というのは、徳川幕府がキリシタン改めをやるについて、すべての民衆に旦那寺を持たせて、キリシタンでないことを証明させたのであって、徳川幕府が押しつけた制度であると、ほとんどの方が思っておられるような状況が生まれました。そのように言っている方は、寺檀関係は自分と関係ないところで作られたもので、その寺檀関係が生み出した堕落的なあり方は自分とは関係ないんだと、こう言っているわけです。

けれども、私が研究したところでは、寺檀関係というものはそのようにして生まれたのではなく、むしろ寺の側が積極的に関係の形成に努めた結果であるといってよい、と思います。具体的に言えば、江戸の初期に村持ちの道場として生まれたものが、やがて寺として自立していくとき、村の家々と、改めて寺と檀家という関係を結んでいかねばならない、そういう寺の自立の基盤として、寺の維持に責任を持つ檀家として把握されることになります。そういうことによって、江戸の初めに実にたくさんの道場が寺になりました。

寺檀関係の形成は寺の要求であったと同時に、門徒側の要求でもあったのです。江戸の初期に至って、それまでは大きな地主に抱え込まれていたような農民が、自分の田畑・屋敷を持った一人前の百姓として自立するようになります。百姓が家を構えるわけですから、そこから先祖の祀りが姿を現してきます。この田圃はじいさまが開いたものだ、だから家族みんな力を合わせて、じいさまの開いた田圃を守っていかねばならん、というように、当初は生まれた家の結合の理念のようなものとして、先祖の祀りが始まるわけです。それと、檀家を求める寺の要求が合致して寺檀関係というものが、広範に、急激にでき上がっていきます。

江戸幕府は、そのような自然発生的な寺檀関係をつかまえて、キリシタン改め、民衆統制制度に転換していくわけです。ですから寺檀「制度」は、なるほど権力が押しつけたものかもしれませんが、その根底になる寺檀関係は、むしろ寺と民衆が共同して作り上げたものなのです。ですから、明治維新によって徳川幕府が崩壊いたしましても、キリシタン改めの寺檀「制度」は解体しますが、寺檀関係はいっこうに崩れません。寺ないしは教団、また民衆の要求がある限り寺檀関係は存続し続けるでしょうし、寺・教団はむしろその存続をはかり、積極的に再生産したとみられます。寺檀関係の中で先祖祀りが行われたのなら、その寺檀関係を作り出し、再生産してきた寺・教団が先祖祀りを再生産してきたのですから、寺の住職として関係ない、とはとても言えないわけです。

寺檀関係ができても、その中で先祖供養というものを行わないで、真宗本来のあり方を保っていくことができたのではないか、という問題があろうかと思います。江戸という時代の状況、思想状況、民衆の要求、そういったものに対応しながらも、それに迎合せずに、むしろ乗り越える道というものが、不可能だったのかどうか、そんなことも考えてみなければならないと思いますが、いまだかつてそのようなことは考えられていません。寺檀関係を考えること自体が切り捨てられている状況では、その先のことなど問題になるわけがありません。

江戸を切り捨てることによって、自分が免罪されるという傾向があります。江戸を考えるのは、免責された自分を捉え返すことでしょう。その意味で、江戸の真宗を考えることは大変に重要な意味を持っています。親鸞聖人・蓮如上人から一挙に近代へ飛んでくるのが教団における歴史研究の現状だろうと思いますが、そこに欠落した近世、江戸時代は、いわば負の歴史と認識されます。しかしその負の歴史を担うことなく切り捨てている、負の歴史を背負いたくない、背負おうとしない、そのような問題性を感ずるのです。同朋会運動も、全くのフロンティアで展開されるのならともかく、現にある寺檀関係のうちで考えられるならば、その場になる寺檀関係の究明が切り捨てられるのは大変おかしい、というのが私の持論です。現代に何かをやろうとする、そのときに形骸化したように見えるけれども、寺檀関係は根強い力を持って現前してきます。それが現に教団の基盤なのですから、それは負の歴史として背負わねばならない課題として、見据えていかねばならないものであると思います。

以上に、寺檀関係という形のある側面を中心に申しましたが、その反対に形のない側面、別の言い方をすれば、思想や信仰、江戸時代はどういう思想、信仰状況にあったのかを捉えることも、重要な問題だと思います。そのことが、私の、今の課題です。真宗が問題であるというとき、それはいつも現代というところで問題にされますし、その現代は、社会・経済である以上に、思想・信仰の問題です。江戸の真宗というときにも、江戸という時代、その思想・信仰を抜きにしては語れません。真宗というものだけを追っかけていると、ものが見えなくなってしまう感じがするわけです。

たとえば、江戸の説教本、談義本、こういったものを読む場合、それをどのような目で読むか、その読み方が大変問題でしょう。豊かな読みをなすには、テキストをその社会の思想状況で読まねばなりません。言い換えれば、その談義本というテキストがどう読まれたか、テキストとは読まれることを意味しますから、どのように読まれたか、そのことを認識せずに読むことはテキストとして読んだことにならない。そのことを抜きにしてしまうと、親鸞聖人や蓮如上人の言葉に照らして、ここが正しいとか誤っているという読み方、あるいは現代を基準にしまして、遅れているとか封建的であるとか、そんな読み方にしかならないわけです。そんな読み方では江戸の真宗を認識することはできませんし、ましてその歴史を背負うことなど、到底できないわけです。そこから江戸真宗無視が起こります。そんなことから私は、江戸の思想状況・信仰というものを捉える方法を課題としているわけです。

「近世民衆仏教の形成」という私の論文があります（「参考文献一覧」論文②）。これは、仮名草子という江戸の初期の大衆小説、そのような文芸の中に出てくる仏教を捉えた作業です。それらは、国文学で研究されていますが、そこでは仏教という視点がきわめて薄い。けれども、仮名草子はきわめて仏教的な色彩の濃いものであって、そこから江戸の初期の人々の仏教思想を捉えることができると思っております。そこに見出せる民衆の宗教思想、そういうものをバックにして、江戸の真宗の談義・説教本を読まねばならない、このように考えています。

二　真宗の世界観の問題――安丸良夫氏の研究から

そこで、以下に江戸真宗に関する研究の様相を紹介しながら、私の考えていることを申し上げます。

その出発点になりますのは、安丸良夫さんの考え方です。『日本の近代化と民衆思想』（青木書店）という有名な本ですが、昭和四十九年の刊行ですから、もう随分古くなってしまいました。安丸さんは、富山県砺波郡の安清、現在は井波町に入っておりますが、そこの農家のご出身で、真宗門徒の家で生まれた人です。京大を出て、今は東京の一橋大学の教授で、もう六十歳になられたかな、と思います。近世から近代にかけての民衆思想史が専門ですが、その研究の中で、いつも真宗が問題にされています。

安丸さんの研究で重要なのは、一向一揆の敗北が日本の近代思想のあり方を大きく規定した、という問題提起です。びっくりするような問題提起なのですが、一向一揆が敗北したということは、民衆が自らの世界観、世界を観る眼、そういうものを作り上げる契機が失われてしまったということだ、というわけです。世界史的に近代の成立には、前近代社会の内に生まれた異端の思想が、その時代の世界観とは全く異質な世界観を提示し、それがベースとなって新しい世界観が生まれてくる、ということがあったわけです。前近代社会の中で、全く違う世界観は宗教的異端として生まれるわけで、そこでの宗教的争いは宗教戦争となり、それが農民戦争と結びついて前近代社会を解体に導き、そこから近代が出現した、というのが世界史的な近代の成立過程と認識されました。そういう目で日本史を見ますと、日本の近世には異端の思想がきわめて少ないのです。たまたまあっても、たとえば安藤昌益のような、宗教性を持たない異端の思想になってしまいます。それでも昌益は異端の思想を生み出したのですが、それはむしろ例外で、日本近世に大きな世界観的広がりを持った異端の思想、世界はかくあるべきだ、したがってユートピアニズムになるわけですが、そのような思想が展開しなかった。前近代においてユートピアを構想し得るのは宗教を抜きにして考えられませんが、日本近世は、一向一揆の敗北によって、新しい異端を生み出してくるような宗教的生命力を失ってしまっている、そのゆえに日本の近代は西欧思想に圧倒されたし、現代に至るまでその弱点を克服できない、そのような意味で一向一揆の敗北ということがきわめて重大な思想史的意味を持っていた、これが安丸さんの考えです。

その指摘に従って近世思想、とくに宗教思想を眺めてみれば、江戸後期に生まれた天理教とか黒住教、金光教などの民衆宗教が注目されます。これらは確かに一定の異端的世界観を持っています。天理教なんかは、世の中は泥海になるという終末観みたいなものを非常に強く持った思想で、そこから世直し的な新しい世界が待望されています。そうであれば、新しい世界観を生み出す役割は、新興の民衆宗教にゆだねられてしまったことになります。けれども一向一揆の敗北は、新宗教であれ真宗であれ、受け継ぐべき民衆的世界観の伝統を形成することができなかった、ということを意味しております。

安丸さんのこのような提言は、真宗世界の中だけでの発想ではありませんし、逆に真宗に全く無関係なところからでは発想し得ない視点だ、という点において、大変に重要であろうかと思います。発表当時にこの論文を読みまして、大変感動したわけです。そして江戸の真宗の異端の中に、そのような可能性がなかったかどうか検討しようと考え、一時、異義、異安心の研究をやってみたこともございました。けれども、たとえば天理教の世界観のようなものを持った、そのようなスケールの異端は見当たりませんでした。やはり安丸さんの言うように、江戸の真宗には新しい世界観を持った異端は存在しないということを確認した記憶があります。

江戸の真宗の異端を探る前に考えなければならないのは、果たして一向一揆は安丸さんが考えたように、新しい世界観の可能性、あるいは萌芽を持ったものだったのだろうか、という問題があります。その視点から注目されてくるのは「仏法領」という言葉です。蓮如上人の言葉として史料上は三〜四か所見える言葉ですが、「領」という語がありますので、日蓮上人の「釈尊御領」という言葉、全世界は釈尊の領地であって、日本といえども天皇の領土でも、まして武家や幕府の領土ではないという意味を持った言葉ですが、それと同様に理解されがちです。封建領主の「領」に対して、仏法の「領」であるというのでです。しかしこの言葉は、黒田俊雄さんが明らかにしましたように、そのような概念ではなく、「教団」の意味なのです。蓮如上人の「それ当流というは仏法領なり」という言葉は、「領」という概念が、土地が人間の支配下にある状態を示すように、人々が仏法の支配下にあることを意味しております。蓮如上人のこの言葉を言い換えれば、「真宗という宗派は、仏法によって生きる人々（の集まり）」である、という意味になります。あるいは蓮如上人の別の言葉で言えば、『蓮如上人御一代記聞書』一〇一条の、人々が「南無阿弥陀仏に身をばまるめたる」に当たると言ってもよいかと思います。

しかしながら、この「仏法領」という言葉は、それだけでもないようにも思われます。昨年、五箇山で講話を依頼されましたときに、五箇山のことを調べておりますと、江戸の初めにこの地の史料に、「仏法領」という言葉が現れることに気がつきました。そのような研究があることに気がついたということですが、金竜教英さんの論文（「仏法と王法のあいだ」富山史壇八十二号）に、この田地は「仏法領」だから、この田地に関わる寺への入用を買い主が負担せよ、ということを書いた史料があるわけです。田地を「仏法領」と言うのですから、一見すると一般的な「領」のようですが、「仏法領」という人間のあり方、つまり真宗門徒であるということによって、彼の所有する土地が教団の所属となり、その象徴として入用があるというのですから、世間的な「領」のあり方とは異なった様相を見せています。これは寛永末年の史料ですので、ともあれ、江戸の初期まで「仏法領」という言葉、概念は生き延びていたことは確かです。したがってまた、「仏法領」は蓮如上人の言葉であると同時に、一向一揆の人々によって用いられた言葉であり、世俗的な「領」に対して、仏法と人々の関係における土地のあり方を示すものとして展開していたことになります。このことだけで以て一向一揆の世界観を云々するのは早計でしょうが、一般の真宗門徒が何らかの、独自な世界観を作り上げる可能性を持っていたことを暗示しているようです。

三　イデオロギーと真宗——ヘルマン・オームス氏の研究から

次に取り上げたいのは、カリフォルニア州立大学教授のヘルマン・オームスさんが書かれた『徳川イデオロギー』（黒住真・他訳、ぺりかん社、一九九〇）という書物です。真宗のことに関しての研究ではありませんが、江戸の仏教、とくにそのイデオロギーとしての問題を考えるには必読の書物といえます。一つの提言として、山崎闇斎という朱子学者、ゴリゴリの儒学者で、同時に垂加神道という神道説の創始者でもありますが、この闇斎の思想は日本が持った、たった一つのイデオロギーである、こういうことを主張したのです。

日本の唯一のイデオロギーとは、まことに意外な発言なのですが、そのわけは、この闇斎の思想が明治の教育勅語にまで流れ込んで、それが近代の教育、とりわけ軍隊の精神に流れ込んで、勤勉で忠実な「臣民」という日本近代の国民を創出した、と言うのです。闇斎の思想がそのような力を持ったのは、それがイデオロギーとしての完結性が高いことによっています。フランスのルイ・アルチュセールのイデオロギー論によって、イデオロギーとは個人に呼びかけてくるもので、ちょうど警官が「オイッ、お前」とこう呼びかけると、呼びかけられた人は思わず振り向いて「俺のことか？」と聞き返します。そこで、呼びかける警官、つまりイデオロギーと個人の応答が生じ、「俺のことか？」と聞き返すことで個人は主体になる、自分を確認するわけです。そして警官の呼びかけに従う。そのような呼びかけによって主体を生み出すものがイデオロギーというものだ、ということです。主体という言葉は、英語ではサブジェクトですが、それは同時に服従という意味を持っています。イデオロギーの呼びかけによって主体として自己確認を行うことが、同時に服従につながるのです。そしてそのイデオロギーに従うことで、あたかも自由に振る舞えるような錯覚に捉われてしまう。たとえば、ピアノの訓練を受けることで自由に曲が弾けるようになるということは、イデオロギーに従うことが自由であると感ずることと同じで、自由とはいっても、音楽という枠の中での自由に過ぎないのだ、このようにイデオロギーというものが規定されます。

ここで大事なことは、イデオロギーというのは個人に呼びかけてくるものだということです。しかもただ呼びかけるだけではなく、一定の世界観をもって呼びかけてくる。闇斎の垂加神道で言いますと、『日本書紀』神代巻を中心とする日本創生ということによって、日本が神国であるということを主張し、その日本の神道を普遍的に表現したのが朱子学である、したがって日本という国は、神の道を朱子学によって実現していく神聖な使命を持っているという世界観、それを呼びかけてくる、「オイッ、お前」と強力に呼びかける性格を持っています。振り返って「俺のことか?」と返事をすることでその世界観に組み込まれ、神国日本に服従し、そのことで恰も自由であるような主体、「臣民」が形成される、その意味でイデオロギーとしての完結性を持っている。このような強力な機能を備えた思想は他になく、それで日本唯一のイデオロギーだと、オームスさんは主張します。

真宗には全く関係がないかのようですが、「オイッ、お前」と呼びかける、ということから、私は真宗を連想してしまいます。「オイッ、お前」とは言いませんが、如来召喚の勅命という言葉のように、真宗は如来からの呼びかけによって成り立っています。江戸の真宗で言えば、浅ましき私と気づかされて、弥陀の本願を喜び、報謝の念仏生活を送るというような妙好人たちは、如来からの呼びかけを受けて「私」に目覚めていくのであり、イデオロギーの呼びかけ機能で理解することができます。しかしながら、その真宗に、垂加神道のような世界観が備わっているかとなると、どうも否定的にしか言えないようです。そうであるがゆえに、そのような目覚めた主体が、神国観念などのような全く別の世界観を丸呑みしてしまう、というようなことも起こりうるわけです。そのような意味で、オームスさんのイデオロギー論は、江戸の真宗信仰を理解するうえで、大変示唆に富んでおります。

四　神祇不拝・墓のない村——児玉識氏の研究から

もう一度、安丸良夫さんに戻ります。ご存知の方も多いと思いますが、岩波新書の『神々の明治維新』という著書がございます。そこで言われているのは、明治維新における廃仏毀釈に最も激しく抵抗したのが真宗門徒である、教団ではなくて門徒が抵抗したのだということが強調されています。真宗信仰に基づくしなやかで強靭な抵抗、それが政府の廃仏毀釈をゆるがして、結果的には、限定つきであるにしろ、信教の自由への道を切り開いたのだ、という評価を下しています。確かに安丸さんの提示された事例は、そのような評価に値するものだと思いますが、その真宗門徒のしなやかで強靭な抵抗力というものが、どのような信仰に支えられているのかという点になると、どうもはっきりしません。民衆思想史という視点から生まれた研究として、真宗史研究に大きな示唆を与えてくれましたが、やはりその信仰内容がはっきりしない限り問題が残ります。

そこで、この安丸さんの意見に多いに賛成して、それを裏づける研究を展開しているのが児玉識さんです。安丸さんと同期生で、山口県の西本願寺派の住職でもあるのですが、西日本における真宗門徒の神祇不拝運動、神棚下ろしの事例をいっぱい集めて、それが安丸さんの言うような廃仏毀釈への抵抗の原点だというわけです。それと同時に、真宗門徒の墓のない村という事例をたくさん発掘しました。山口県の瀬戸内海に浮かぶ笠佐島という小さな島で、二十軒ばかりの戸数しかないのですがすべて真宗門徒で、この島にはお墓が全くありません。火葬に付して、灰は海に捨てるのだそうです。神棚もありません。鳥取県の東郷湖の近くの浅水という真宗門徒の村も、同様に墓のない村であることも報告されました。墓を造らない、神棚を祀らない、そのような真宗門徒の独自性が、逆に言えば門徒ものしらずということになるのですが、江戸時代を通じて保持され、展開していたことが明らかになってきたわけです。その真宗門徒の独自性が、廃仏毀釈への抵抗を生み出した、これが児玉さんの研究です*。

*児玉識氏には『近世真宗の展開過程』（吉川弘文館、一九七六）という著書があるが、ここでは、次の論文を念頭においている。
「周防大島の「かんまん宗」（＝真宗）とその系譜」（河合正治編『瀬戸内海地域の宗教と文化』雄山閣一九七六）
「真宗地帯の風習―渡りの宗教生活を探る―」（『日本宗教の歴史と民俗』隆文館、一九七六）

墓のない村は石川県にもありました。白山麓の尾口村は、もともと墓のない村で、三昧で火葬にして灰を流し、のど仏を本山に納めたものでしたが、日露戦争の戦死者のお墓ができて以来、一般的にお墓を造るようになったのだと聞きました。白山神領だったからだとも言われますが、そうではなくて、墓を造らないのが真宗門徒の伝統で、それが最後まで残ったところであろうと思っております。

五　強烈な往生願望――奈倉哲三氏の研究から

このように、真宗門徒の独自性が改めて確認されつつあるのですが、それがどのような信仰に支えられているのかは、やはり明らかになっていません。その問題へ切り込んだのが奈倉哲三さんです。在家の方ですが、真宗のお寺と縁があって、新潟県の蒲原郡で調査をいたしまして、やはり廃仏毀釈に抵抗した真宗門徒のあり方を明らかにした『真宗信仰の思想史的研究』（校倉書房、一九九〇）という研究書を刊行しています。その抵抗運動の前提になることとして、江戸末期の文政六年（一八二三）に、ここに東本願寺の門跡が下向するということがあったときに、門跡からお剃刀を受けるため、田畑を売ってでも献金するという門徒の心情に着目します。長岡藩はそのような門徒の行動を警戒し、群集を禁止するなどの圧力を加えるのですが、その禁令を無視して門徒が群集し、越後始まって以来といわれる人出となり、田畑を売ったお金を献じてお剃刀を受けるわけです。これは一体何だ、なぜこのようなエネルギーが生まれるのだと、奈倉さんは驚くわけです。そして史料を集めて検討したところ、大げさに伝えられたのだと思っていたが、田畑を売って、というのも事実であり、決して嘘ではないことが確かめられました。そこから、どうしてこのような門跡への強烈な信仰が生まれたのかを追求しました。その結果を奈倉さんは、この時期の真宗門徒の、強烈な往生願望という言葉で表現しております。門跡下向に示された熱狂的なエネルギーは、門徒の往生願望から出るのだということを実証しました。「浄土に往生したいと願望することがおのれの問題であることはいうまでもないことであるが、ここではこのおのれが、宿世・現世・来世という通俗風仏教の三世の観念の中に位置づけられており、この思考が現世における人間存在としての我とその生命の行方について思考するものであって、かつ、来世における救いこそを優先しているものであることに注目したい」、このように奈倉さんは述べております。「現世における人間存在としての我とその生命の行方」というような言葉が史料のうえに出てくるわけではありませんが、通俗的な来世往生を強く願うことで、逆に現世の「我」が問題となり、その行方が問題となる、という回路で、強烈な浄土往生願望が生まれ、その浄土往生の確証を法主信仰、そこからお剃刀をいただくことに求めていった、これがエネルギーの源泉だと言うわけです。

法主信仰は生き仏信仰であって、そのようなものは真宗に反する、マジカルな、とんでもない信仰であると言われてきました。それを奈倉さんは、確かに生き仏信仰で民俗的なものだが、その根底にある浄土往生への強烈な願望、それを見逃してはならない、そのことをつかまえていくことで、江戸の後期に生まれてくる民衆宗教などと合わせて、それが「人間の全的解放と救済を求めるうねりである、精神のうねりである」ことが明らかになる、と言うのです。江戸の後期には民衆宗教に見られるような、人間の全的解放を求める精神のうねりが存在したのであり、それが真宗門徒では強烈な往生願望となって現れた、という指摘は大変注目すべきことです。しかし、門徒の人々がそのことをうまく捉えられない、あるいは真宗的に昇華できない、さらには江戸の宗学がそれを型にはめ込んでしまうものだから、法主信仰、生き仏信仰という方向に流れていってしまった、そういうことだろうと私は思っております。

この時期には、その少し前から、西本願寺派において三業惑乱という事件が起こります。これは、三業帰命、身・口・意の三業を合わせて頼む、つまり身に合掌、口に念仏、意に助けたまえと頼むというように、心と体との全体で弥陀を頼むという点で、非常に強烈に救済を願望する、そういう信仰形態なのですが、この学説が西本願寺学林で提起され、激烈な論戦が交わされ、美濃では門徒が槍を持って争うということまで起こった教学論争です。結局は三業派が敗退するわけですが、この論争が東本願寺門徒の多い越後でも行われていて、それが越後門徒の強烈な往生願望と深い関係にある、ということが奈倉さんの研究で明らかになったわけです。どちらが先か、というような議論はあまり意味がないと思いますが、門徒の強烈な往生願望、それを教学的に組織したものが、三業帰命説であろうと考えます。このような、強烈な往生願望として、人間の全的解放を求める精神のうねりが、十八世紀末から十九世紀初期の真宗門徒に見られたという事実は、大変大きな意味を持っています。少なくとも、煩瑣哲学とか、紋切り型とか、眠ったようなと形容される江戸宗学、というイメージはひっくり返るでしょう。江戸宗学は、このような門徒の人々の願望を受け止めて展開していたことになります。

そのように見るなら、この三業帰命説に反対した宗学にも注目しなければなりません。それも、三業帰命とは全く反対ながら、やはり門徒の人々の願望に立脚したものでしょう。そのような立場を代表するのが『妙好人伝』の編者仰誓で、三業惑乱では在野の宗学者として、反三業帰命説の先頭に立ちました。その教学は、いつ帰命の相を表したこともないが、気がついたら救われていたという信仰を賞賛するものです。奈倉さんの摘出した強烈な往生願望とは、正反対の信仰の様相が見て取れます。このことに関してはすでに論文にしていますので、それをご参照いただくことにして、これ以上のことは省略します（巻末「参考文献一覧」論文①⑥参照）。

奈倉さんの研究の注目すべき点は、まだ他にもあります。最初に申しましたような廃仏毀釈への抵抗です。越後には弥彦山という信仰の山がありますが、廃仏毀釈に際して、ここに安置されていた親鸞聖人の木像を焼けという命令が出されます。そのとき蒲原郡の真宗門徒は、身をもってこの木像を守護することに成功しました。弥彦山は、親鸞聖人が流罪にされた越後国府から近いところで、真言系の加持祈禱で有名な地方名山です。けれども真宗門徒の力が盛んになると衰退し、参詣人がいなくなりました。そこで神主が一計をめぐらして、親鸞聖人が赦免を願ってこの弥彦神社に参詣をしたという伝説を作り上げます。このことを奈倉さんは見事に暴露しました。ところがこの伝説は次第に変化して、親鸞聖人が参詣したのではなく、逆に親鸞聖人が弥彦の神を教化したのだとされていきます。いうまでもなく、門徒の人々がそのように逆転させたのです。

そこへ参詣する真宗門徒は、一般の神社への参詣と違った参り方をします。藤屋文七という門徒が参詣記を残しており、そこに歌が記されています。

神々に　この世の利益ねがふより　主人と親の心そむくな

という歌です。この歌を読んで、どのような感想をもたれますか。奈倉さんはまず「下の句はそれだけとれば封建的社会における日常道徳そのものである」と、私たち誰もが感ずるようなことを言います。続いて「だが、一首をとおしてみたとき、なるほど、これが近世期の真宗門徒が神社神殿で神にむかった時の心境か、その信心のしたたかさ」に驚きます。さらに、神祇不拝は形式ではなく「神社の参詣に随行しながらも、神祇不拝を堅持」したのだと読み取るわけです。こうした門徒の信心、神祇不拝があって、焼けと命じられた木像を、神社から取り上げて守護するという行動になったと考えるわけです。

ついでにもう一つ、奈倉さんの仕事を紹介しておきます。真宗寺院の日記を分析し[*]、年間の法事がどのように勤められたかを解明されました。住職が門徒の家へ出かけて法事を勤めることは稀で、正月と報恩講のときに門徒が寺へ全部集まったときに、合同で勤めるという形態が一般的であったということです。今のように、法事に追われるということがなかったわけです。またお盆の行事も、正信偈で勤めて仏恩報謝を行うのであって、いわゆる先祖供養のお盆ではないことが明らかになりました。村の鎮守の祭礼も行わない村が多く、やってもきわめて簡素で、村によっては十年に一度ぐらいだったそうです。

* 「近世後期真宗法事の実態と意義」(仏教史学研究35―1・2、一九九二)この論文をベースにして『幕末民衆文化異聞―真宗門徒の四季』(吉川弘文館、一九九九)がまとめられている。

以上のような真宗門徒のあり方は、江戸を通じてそうだったかどうかは検討を要します。おそらく、江戸の中期以降の状況の中で生まれてきたのではないか、と思っています。江戸の中期には、安永・天明の大飢饉を契機に、「荒村状況」と言われるような事態が進行しております。これは天災を契機にしていますが、天災というより人災で、農村が徹底的に収奪され尽くして、蓄えが一切なくなったところへ天候不良で作物が取れない、日照り、洪水が襲いかかるということによって、多くの村が壊滅状態になるわけです。そのような農村復興に立ち上がったのが二宮金次郎（尊徳）であり、同じ時期に天理教とか金光教とか、いっぱい出現する民衆宗教だったわけです。尊徳は朝に星を懐いて出かけ、夕べに月を仰いで帰るというように、勤勉力行することで家を保ち村を復興するのですが、民衆宗教もまた、そのような勤勉を重要な徳目として人々に受容されていきます。このようにして、農村復興が人々の努力によって始められたのです。真宗門徒もまた勤勉を重要な徳目としたことは、近江商人の成功を事例によく言われることです。あるいは北陸門徒が関東へ入植・移住して、その勤勉さで開拓に成功したということも有名です。それらの勤勉さは、すべてご恩報謝の日暮のというあり方から導かれたものと言われます。越後の三業帰命派の門徒の人々の、全身全霊を上げて助けたまえと頼むというのも、おそらく勤勉ということとつながっていくだろうと思います。したがって、奈倉さんが解明した真宗門徒のあり方は、大きな社会変動の中で、真宗によって新たに生み出されたもの、真宗が社会に対応した時に生まれたものと考えてよいのではないか、そんなように思っております。

六　殺生禁断——有元正雄氏の研究から

『思想』の一九九〇年五月号に、有元正雄という方が「真宗門徒宗教社会史序説」という論文を発表しました。広島大学の社会経済史の研究者ですが、それ以来、続けて江戸の真宗に関する論文を三本発表されました。*

* これらは現在『真宗の宗教社会史』(吉川弘文館、一九九五) に収録され、新たに書き下ろして『宗教社会史の構想―真宗門徒の信仰と生活』(吉川弘文館、一九九七) となり、またその続編ともいうべき『近世日本の宗教社会史』(吉川弘文館、二〇〇二) が刊行されている。

岡山県に生まれ、安芸門徒の地域で研究生活をするうちに、真宗門徒の生活が社会的独自性を持っていることに気づき、安芸門徒の研究を始められたようです。安芸門徒はハワイ移住で知られておりますように、移民、出稼ぎ、その背景となっている人口増加、こういうことが真宗門徒の特徴的現象として見られる、このことに注目しました。先に申しましたように江戸の中期の「荒村状況」以降、全国の農村の人口は減少するのですが、有元さんが調べたところでは、真宗地帯だけが逆に人口増加が見られる。これはどうしてか、それは、真宗門徒は間引きと堕胎をやらない、したがって子だくさんになる、こういうことが確かめられた、と言われます。子だくさんになるものだから、大変勤勉に一生懸命働くし、それでもダメだから出稼ぎに行く、さらにその延長線上に移民、海外移住までもが起こってくる、このように論理を展開し、それを統計的数字によって実証したわけです。

それではなぜ真宗門徒は間引き・堕胎をやらないのか、その問題を有元さんは、殺生禁断という考え方で処理しようとするわけです。真宗門徒は殺生が往生の障りになると考え、その考えによって殺生を禁じ、間引き・堕胎をしなかったのだと。しかしそのように捉えると、真宗的には大変おかしなことになります。宗教的な悪という問題を、殺生禁止という世俗的な悪に矮小化してしまうことになる。そこで、真宗教学というものが殺生禁断を軸にして、江戸の中期に大きく転換したのだと有元さんは言うわけです。そして殺生すれば地獄へ落ちる、殺生しなかったら極楽へ往生すると、このような信仰を示す史料をいっぱい収集して、自説を実証しようとしております。

こうなってくると、にわかに賛成できなくなるのは、私だけではなかろうと思います。真宗門徒が殺生を嫌ったとすれば、それは地獄の恐怖ということではないのではないかと思います。現代的に言えば、生命の尊重ということ、いのちを大事にするということから起こったことで、殺したり、間引き・堕胎をしたら地獄、ということではないだろうと思います。真宗門徒は間引きをしないということは、従来から言われてきたことです。そういうことが出稼ぎにまで連なっていくというのは大変面白い研究ですが、それと関連して真宗教義が転換したのだとまで言われますと、やはり問題は残ります。有元さんは、そのように教義を転換することで、そこから親鸞教に見られない新しい人間像が生まれたのであり、それは非常に禁欲的な行為を伴うものであった、というように言われます。そうなると、真宗、親鸞教ではなく、そこから転換した江戸の真宗が間引き・堕胎を禁じたということになってしまいます。だから近世真宗門徒の研究というけれど、何か全然ちがったものとして真宗を描き出しているようで、大変大きな問題が残されています。**

**その後、有元さんとのあいだに、私が書いた書評をめぐって論争がありました。日本史研究四一三号に大桑筆の書評、同四一九号に有元さんの反論、同四二六号で大桑の再批判。なおその中で、真宗門徒の殺生観を示す次のような文章を掲げました。

「わしら、ひどいめにおおてコメ作ってきたわいの。田ぼに薄氷の張っとるころから牛や馬の背を追い立てて田おこすがや。（中略）畦かいとると、三ン鍬の刃に蛙が刺さる。思わず、ナンマンダブ、堪忍してくれや、かんにんしてくれや、蛙も潰さんならんし、虫も捕らんならん。それらの命のお蔭で、このコメ粒いただくがや」（富佑彬「東西融合」北国新聞、一九九七年五月二日）。

以上のように、有元さんのような、本来真宗とも真宗史とも関係がなかった研究者が江戸の真宗に注目するようになったことは、大いに歓迎すべきことだと思います。児玉さんも奈倉さんも、真宗門徒の独自性に注目して論陣を張っている点では有元さんと同じです。

ただし、真宗門徒の独自性ということが言われるあまり、そのことが一体どこへ帰結するのか、何を目指しているのかが、いささか不明瞭になっていることが気になります。

七　唯心論的教学からの出発

そこで、それならお前はどのように考えるのか、ということになります。今まで申しましたように、江戸の真宗の研究は、時代的には後期に集中しております。そこでの真宗教学は、三業帰命説のように助けたまえと頼むという方向性が非常に強い、あるいは有元さんの言われることに従えば、殺生禁断を実行して勤勉に努力するという人間像というように、どちらかといえば自力的方向性が強い、というように認識されたわけです。

そこに有元さんは教学の転換を見たわけですが、転換ということに関しては私も同様に考えています。ただし、何から何への転換かということにつきましては、有元さんとは違います。江戸の初期の真宗は、そのように助けたまえと頼むというところに力点を置いたものではないように思われます。教学もそうですし、門徒の信仰の様相も、そのようではないようです。助けたまえと頼むと強調するのが蓮如教学であるとすれば、江戸の初期は、真宗教学や信仰は蓮如教学も蓮如的な信仰でもなかった、このように考えております。

＊以下「現世安穏、後生善処」という民衆思想、それと統一権力の権力者神格化について論じているが、本書第一～三と重複が多いので、ここでは省略した。

江戸初期の人々の信仰は、一般的思想的に言えば、「現世安穏、後生善処」という言葉で表現されるものです。それを実現するに「煩悩即菩提」という思惟が展開されました。またそれは、唯心浄土己心弥陀とか心外無別法とかいうような言葉に示されるような心の思想、つまりあらゆるものは我心の現れである、世間や煩悩、仏法や菩提というような相反するような事柄も我心の現れであり、その心には弥陀が内在するから、その弥陀を念ずることで菩提に至り得る、このような思惟に立脚しております。簡単にこれを、仏教唯心論の思惟と申しておきます。江戸の初期には、このような心を中心とした民衆の仏教思想、仏教唯心論が広く展開していました。

そのような思想状況の中で真宗はどうだったか、ということを考えてみなければなりません。そのように見ていきますと、江戸の初期に大きな影響力を持っていた『安心決定鈔』という書物が問題になってきます。この書物は真宗の異安心、異端の信仰のことですが、その信仰の内に、この書物に思想的拠点を置くと考えられるものが随分見出せます。『安心決定鈔』の信仰とは、その一つは往生正覚同時というものです。「一切衆生、往生せずば我正覚をとらじ」という阿弥陀仏の本願があるわけですから、弥陀の正覚のときに、同時に一切衆生の往生成仏が決定したということになる。弥陀の正覚は十劫の昔ですから、一切衆生は生まれながらにして往生成仏が定まっていることになります。したがって、一切衆生は弥陀を念ずることも、念仏を称えることもいらない、生まれながらにして救われているのだ、こういう信仰なのです。『安心決定鈔』には、たとえば、

衆生往生せずば仏にならじと、ちかいたまいし法蔵比丘の、十劫にすでに成仏したまえり。仏体よりは、すでに成じたまいたりける往生を、つたなく今日までしらずして、むなしく流転しけるなり。(『真宗聖典』九四四頁)

というような文章があります。十劫の昔に、自分は往生しているのだけれども、それとも知らずに流転の生を送ってきたと、そのことに気づくだけでいいわけです。ここから出てくるのは、無帰命安心といわれる信仰形態です。

念仏の行者、名号をきかば、あああはやわが往生は成就しにけり(同右、九四六頁)阿弥陀仏という名号をきかば、やがてわが往生とこころえ、わが往生はすなわち仏の正覚なり、とこころうべし(同右)

と、こういうように私の往生と仏の正覚は、十劫の昔に定まっているのだと考えるのです。それと対になった考え方は、「生仏互入一体」という思想です。これは観無量寿経の「諸仏如来、是法界身、入一切衆生心想中」という文句が根拠になります。法界身の弥陀が一

切衆生の心想中に入りたまえりというのですから、仏と衆生は相互に入り組んで、一体となっていることになります。生仏互入の機法一体です。往生正覚同時と合わせれば、衆生は永遠の昔から往生が定まり、仏と一体であるという信仰ですから、衆生と仏の即自的無媒介的一体説とでも言ったらいいでしょうか。これは江戸初期の仏教唯心論、我心に仏が内在するという考え方の中に位置づけることができます。このような異義が江戸初期には連続的に発生しております。

とくに西本願寺派の場合は、初代能化の西吟という学匠は自性唯心説といわれる学説を唱えまして、肥後の月感という学僧、この人は後に東派に転じますが、その月感から激しい批判を受け、論争が展開されました。西吟の学説は、たとえば、烏が黒いのも鷺が白いのも、その本性が現れて烏は黒く鷺は白くなるように、衆生が成仏するのも、その本性が現れて成仏するのだ、衆生の本性、自性がすでに仏だから、一切衆生は本来的に成仏が決定していると、こういう考え方なのです。また、

信と雖ども念と雖ども、始めて外より来るにあらず。是即ち法界身の弥陀、衆生の心中に入る。（中略）既に法界身の仏、衆生の心中に入る故に、体性を論ずれば即ち全く相離なし（『真名答書』）

というように、生仏互入の考え方も見られます。もともと衆生は生まれながらにして仏な

のだという考えを、西本願寺の教学の最高責任者が言うわけです。それはおかしいと批判したのが月感なのですが、実は月感の批判も西吟と同じような土台に立っています。詳しいことは省略しますが、その論争は西吟や月感といった人々の信仰のあり方ではなく、教学という学的研究上の立場であると言われます。西吟自身も、このような自性唯心説は自分の安心とは別だと言っております。西本願寺派四代の能化法霖という学僧は、大乗の内に浄土三部経をみるのではなく、三部経の内の大乗を読めと言っていますが、それはこの段階での真宗教学が、真宗を大乗仏教の中でどのように位置づけるかという課題に直面していて、その課題を通して教学形成を試みれば、通仏教の唯心論に傾かざるをえない、ということを意味しております。教学者だからそうなのだと考えられないこともありませんが、それよりも、一般の門徒の信仰が唯心浄土己身弥陀というようなものであれば、その信仰をどのように位置づけるかという課題があって、それを受け止めたということもできましょう。

このように考えますので、われわれが思っておりますように、蓮如上人が出現してお文を中心とする教学を形成されますと、その教学がそのまま江戸の教学になった、あるいは門徒の人々の信仰が蓮如上人の教えをそのまま受け止めた、ということではないようです。蓮如教学は、江戸の初期にはあまり人気がなかったのではないかと思います。西本願寺派で学林の教学が蓮如教学になるのは二代能化の知空の時代からで、十七世紀の後半からですし、東本願寺派では学寮の初代講師恵空が出現する元禄期、つまり同じ世紀の末期から十八世紀初頭にかけてのことです。言い換えれば、江戸時代を迎えた始めの六十～七十年から百年近くは、蓮如教学ではなく、唯心論の教学・信仰であったのではないかと思います。仏教一般に、あるいは大乗仏教の内に真宗を位置づけるという課題での教学形成、民衆の唯心論的信仰、そのような中で真宗全体が唯心論へ大きく傾斜していたのです。

そして大体十八世紀に入った頃、その頃から唯心論的教学から、助けたまえと頼む蓮如教学への転換が次第次第に起こってきます。その転換が行き着いたところが三業帰命説です。図式的に言えば、最初は心を中心とした教学・信仰であって、やがて助けたまえと頼む帰命を中心とする教学・信仰へ転換し、そして帰命の信仰がさらに強烈になったものが三業帰命説、ということになります。言い換えれば、心に拠点を置いて自立しようという信仰から、全人間性を上げて救済を願望する信仰への展開であった、とも言えます。

そこで今度は、そのような救済願望を強烈に表明する信仰に反発してくるのが、妙好人だろうと思います。あるいは、救済願望を強烈に表明する信仰が展開したときに、初期の心を中心とする信仰、無帰命的信仰が、蓮如教学のもう一方の柱であるただ信心一つという側面に立脚して、ただ弥陀の本願による救済を信ずるだけという様相で再展開したのが、妙好人だと言ってもよいかもしれません。妙好人というのは、助けたまえと頼む姿勢ではなく、気がついたら救われていた、ただそのご恩に報謝するのみ、という信心のあり方を典型とします。いつ帰命したという覚えもないが、気がつけば救われていたというような信心・信仰のあり方を、『妙好人伝』の編者であります仰誓と誓鎧という師弟は、「容有ノ一類」という言葉で表現しております。この「容有」というのは、どのようなところから出てくる言葉なのか、その本来の意味はどういうことなのか、解明できておりません。彼らはいずれも西本願寺派で、三業惑乱では反三業派の中心人物です。

このように江戸真宗の信仰形態を追ってみますと、帰命を重視しない信仰から始まって帰命中心の信仰へ展開していき、また帰命を重視しない方向にゆり戻しがくる、ということになります。このような江戸真宗信仰史、ないしは思想史、教学史の視点に立てば、そこから改めていろいろな問題が見えてくると思いますが、それは後日の問題としまして、さらに一言つけ加えたいと思います。すなわち、心の主体性から全人間的な救済願望へ、そして「容有ノ一類」という絶対者への全的委任とでもいうようなあり方へという展開は、真宗だけではなく、民衆思想全体の展開であるとすれば、実はこの点がまだ実証できていないのですが、そうであれば、近世から近代へ向かっていくあり方の日本型の特徴を、ここに見ることができるのではないか、と思っています。

もっとわかりやすく言えば、初期の唯心論や後期の妙好人は、法の深信、つまり人間を超えた絶対なるものへの全的帰依であり、三業帰命説などは、それと逆に機の深信、つまり人間を根拠とする立場です。その二つのあり方のせめぎ合いと見ることができます。このように言いますと、人間中心の立場こそ近代への道であって、妙好人などは封建的な遅れた信仰である、このように受け止められるかもしれません。しかしながら、私は逆に、日本的近代は妙好人的な立場に求められるのではないか、と考えています。誤解のないように申し添えますが、この日本的近代というのは、事実としてあった明治日本という近代ではなくて、その事実としての明治近代によって挫折させられた、あったかもしれない近代、という意味です。

最初のほうで申しましたヘルマン・オームスさんの言っているような、人間に強烈に呼びかけてそれに応答する人間を主体としていくものがイデオロギーであり、そのようなものとして真宗が考えられるなら、弥陀の本願に呼びかけられて、気がついたら救われていたという形での主体形成、その主体は弥陀に全的に服従していく、その主体性と服従の両面を持った人間、そのことによる自由の境地、真宗によってこのような人間が生まれて、それが日本の民衆が生み出す近代、このような可能性を持っていたのではないでしょうか。明治の妙好人たちは、弥陀に呼びかけられて弥陀と一体の己に気づき、弥陀に全的に服従し、一方でその主体性において自由自在に生きたことが知られています。紹介する時間がありませんが、鈴木大拙に見出された浅原才市などがその代表でしょう。清沢満之はどちらかと言えば機の深信型ですが、その弟子の暁烏敏となりますと、機の深信と法の深信の双方の間を行ったり来たりしているように思われます。非常に深刻な内省などは機の深信ですが、それが一転して如来の恩寵にのめり込んでいく法の深信。暁烏においては、江戸の真宗の展開が一身に凝縮されているようです。

弥陀に呼びかけられて主体となるという機に立脚するならば、我等ごときのいたずら者というように、絶対なるものによって人間は限定されると言えるかもしれません。それに対して弥陀、すなわち法に立脚するなら、一切衆生・十方世界と呼びかける法自体の解放性によって、一旦限定された人間は逆に開かれていくはずです。このような人間の限定と解放、それが機法二種深信ということでしょうが、江戸の真宗はその一方に偏って展開した、このような感が否めません。そのために、弥陀に呼びかけられた主体を生み出しながら、それを限定する一方か、でなければ逆に、人間を限定し主体を生み出すことなしに、無前提に解放の側面を拡大して幻想となってしまったか、そのいずれかに偏ってしまった、そのように私は感じています。

最後になって、全く思いつきのようなことを申しました。それは思想史として江戸の真宗というものを考える作業が、どのようなことを最終的に目指しているのかを、ご理解いただくために申したことで、厳密に熟考したうえでのことではありません。その作業は、真宗学の方々がやっておられるような、時代の中に親鸞の教えに生きた人を発見するというようなことではありません。江戸に親鸞を発見するというようなことを考えているのではなく、ある意味では親鸞に反するような、とは言い過ぎかもしれませんが、そのような思惟を真宗門徒の内に見出すことで、人々の親鸞への途を解明していく作業かもしれません。そのような真宗門徒の思惟に真宗がどのように対応し、そこから何が生まれたか、それは日本の近世の歴史、とくに思想史にいかに関わるのか、そのような事柄を考えることが、江戸の真宗を問題にすることだと申し上げて、終わりたいと思います。

いつとなしの救済――江戸真宗の救済と信仰

はじめに

「いつとなしの救済」（「参考文献一覧」論文⑥）という題を掲げました。文字で書く場合は「いつとなしの」としたほうがわかりやすいですが、言葉にして口に出して言う場合には、「いつとはなし」のほうが本当は話しやすいですね。ですから途中で「いつとはなし」になったり、「いつとなし」になったりするかもしれません。同じ意味でございますので、こだわらずに話を進めてまいります。

一体、「いつとはなしの」あるいは「いつとなしの救済」とはどういうことか。このタイトルだけではよくおわかりにならないだろうと思います。そこでサブタイトルに「江戸真宗」という題名をつけました。これは「東京の」という意味じゃございませんで、「江戸時代の真宗」ということです。そのあり方が「いつとなしの救済」という信仰で、それが中心であったのではないのかなと、こういうことを考えているわけです。こういう題名で果たして一般の方々が話を聞いてみようと思われるかどうか、心許ないわけです。「いつとなしの救済」と言っても何のことかわからないし、「江戸真宗」と言われても、そんなもののどこが面白いんだろうかと、こんな感じを持たれるだろうと思います。

一　江戸の真宗を考える意味

専門の方々にとりましても、「江戸真宗」というのはおよそ魅力のない題名なんですね。それにはいくつか理由が考えられます。江戸時代という時代が、現代のわれわれから見まして、一体どういうイメージで見られているか。私のイメージでは、実に真っ暗闇の時代、そういう中で人々がうごめいていた、そういうイメージがあるわけです。昔、篠田正浩監督の「天保六歌仙」の映画があったように記憶するのですが、そこでは、われわれがテレビなんかで見ている時代劇のあの『水戸黄門』のような、ああいうあっけらかんとした明るい江戸時代ではなくて、ろうそくの火しかない真っ暗闇、その中で原色のけばけばしい衣装を着た男と女がうごめいているという、そういう映画を見たことがございます。これが私の江戸という時代のイメージなんです。ところが杉浦日向子さんという漫画家ですか、

『江戸が面白い』という本が出ておりますけれども、その中で出てくる江戸時代というのはまことにまあ、何と言いますか、明るい、のんきな、ゆったりとした、そしてのんびりとした毎日が過ぎていく、そういう江戸時代が一方で描かれております。最初に申しました真っ暗闇の江戸というところでは、宗教ということが重要な意味を持ってくるように思うのですが、あの水戸黄門のような、杉浦日向子のああいう江戸時代では、どうも宗教というものが似合わない、そういう時代として描かれております。一体どちらが本当なのかというような問題もございますけれども、われわれは江戸時代というものを、どちらかというと明るい時代として見てきたんじゃないだろうか、そしてそこには、宗教というものがほとんど意味を持たなくなった時代を見ております。戦国時代までは大変暗い世の中で、宗教が大きな意味を持っておりました。しかし、それが終わって江戸になると宗教というものが必要ないような、そういう時代になったんだという、こういうイメージで描かれてきました。

そうしますと学者たちは、江戸時代の仏教というものは、檀家制度の上にあぐらをかいてしまって、そして堕落してしまったんだという、江戸仏教堕落説を言い始めました。それで江戸時代の宗教というようなものを研究する研究者が、ほとんどいなくなってしまったんですね。そういう堕落した宗教を研究しても何の意味もない。そんなものは葬り去ってですね、そして新しい宗教というものを考えていくほうがはるかに重要なんだと、こんな考え方が一般的に言われているわけです。したがいまして、その「江戸の真宗」なんていう題名を出しますと、まあちょっとそのへんの事情がおわかりの方は、そんなもの、面白いテーマではないだろうと、このように思われてしまうだろうと思います。

それじゃあ一体、なぜ「江戸真宗」というようなことを考えようとするのか。現代の人間が、自分たちの先祖たちが過ごしてきたかつての時代を振り返ったときに、その時代をどのように描いていこうとしたか。そのときに、江戸という時代の中に何かその明るいものを、自分たちがたどってきた道のりを明るいものとして描き出そうとする、そういう思いがあるわけです。そこで、そういう暗い江戸というようなことは否定的にしか見えない、そんなものは見ようとしない、そのようにして現代のわれわれが見失ってしまった江戸時代、そういうものを改めて見直すことの中から、それが今の時代に持っている意味というものを考える。現代も宗教というものが失われてしまった時代と思われています。失われてしまったような状況でございます。江戸は真っ暗闇でしたが、現代は逆に文明の光があふれ返っております。そういう文明の光の中で、人々は宗教というものを見失ってしまっている。そういう時代の中から江戸時代を見ることによって、現代では見失われてしまったものをもう一度見直していく、そういう手がかりになるんじゃないかと思うのです。そういうことから私は、江戸時代というのは非常に宗教的な時代であった、ある意味では真っ暗闇の時代であった、そういう中で人々は光を求めてうごめいていたんだと、そういうことを考えているわけです。

そういうことがなぜ現代のことを考えていくうえに意味があるのかと、こう申しますと、今や近代という時代が終わろうとしております。あるいはすでに終わってしまった、と言ってもいいかと思います。そして今は現代という、近代とは全く違う時代に差しかかっております。そういう時代の終わりと始まり、そのことと重要な関係があるからだと思っています。一九九九年の第七の月には、恐怖の大魔王が空から降ってきて世の中が破滅するという話がございました。その七月も終わってしまいましたが、その恐怖の大魔王というのは一体何だろうかと考えますと、ひょっとしたら、現代という名前を持った恐ろしい怪物ではなかろうか、それがいつの間にかわれわれのところに忍び込んで来ているんじゃないのかと思います。現代という大魔王は、人々の心にむなしさをもたらします。今の世の中で人々は、むなしい生き方をしております。いろんな方に聞いてみましても、何かこう、むなしくてやっておれんと、そういう生き方をしております。このむなしさというのが一体どこからくるのか。おそらくそれは近代という時代が終わっていくが、だけど新しい時代が一向見えてこない、そういう中で生きているということから出てくることじゃないのかな、というように思っているわけです。

そこで私たちの生きてきた、近代という時代を考えてみます。明治から以降、これを近代と申しますならば、明治維新になって、そして新しい時代、近代がやってきたときに、そこにすばらしい人間が生まれてくるはずであった。自分の足で一人で立って、自分で物事を判断し、自分で行動するという、そういう人間が生まれてくるはずであった。ところが、明治から以降百年経っても、どうも日本人は集団行動しかしない。人のまねばかりしている。一向、自分の足で立つような、そういう人間が生まれてこないじゃないかという、そういういらだちがずっとあったわけです。そういうイライラの中から、何とかして自分の足で立てるような日本人を作り出そうとして、研究者も政治家も一生懸命になったわけです。けれども考えてみますと、近代という時代が自立した人間の時代であるということが、どうも嘘じゃなかったのかなあという感じがしてきたわけですね。そして、何年か前、神戸で重大な事件が起こりました。子供が子供を殺すという事件。その中で酒鬼薔薇聖斗と名乗るこの少年が言った言葉が、私には大変印象深いわけです。「透明な存在としての僕」でしたか。僕という人間、僕という者は透明人間なんだという言葉でございます。この子供が言った透明人間というあり方が、現代の人間の姿ではないのかなと思います。私の子供の頃なんかも、確か「透明人間」という子供向けの小説がございました。男が巻いている包帯をぐるぐると取ってしまうと、顔も何もない。洋服を着ているから、洋服だけ宙に浮いている。まあそういう透明人間が描かれていました。少年時代には、そういう透明人間になれたらいいなあと思ったわけですね。どこへでも行けて、好きなように何でもできる。誰にも知られないで、自由勝手にできる透明人間というのは、大変すばらしいものだなあと、こう思っておりました。そしたらピンクレディーですか、「透明人間あらわる」という文句の歌がありました。今から何年前になりますか。ついに透明人間が現れてきたかと、こう思っておったら、今度は酒鬼薔薇聖斗によって、「私は透明人間である」という宣言がされてくるわけです。透明人間ということは、自分というものが何なのか、確かなものがあると思い込んでいたけれども、気がついてみたら確かな自分というのはどこにもなかった。何もない、空っぽの人間。人間というのは空っぽなんだ。こういうことになってきたんですね。

こういうことに非常に早くから気がついていた方がおるわけです。『銀河鉄道』を書いた宮沢賢治という詩人です。大正時代に、同じことを言っているということに気がついたわけです。宮沢賢治の『春と修羅』という詩集がございます。大変難しい詩集で、読んでもなかなかわからないのですが、その冒頭にある言葉だけちょっと紹介しておきます。

わたくしといふ現象は　仮定された有機交流電灯の　ひとつの青い照明です

（あらゆる透明な幽霊の複合体）

私というのは一つの現象でしかない。私という実態がしっかりあって、というのじゃなくて、私というのは一つの現象なんだと。ちょうど蜃気楼が現れるように。そういう現象でしかない。「仮定された有機交流の電灯」。電灯はきらめいている。私というのは電灯のきらめきなんだ。よく電灯を見ますと、昔のフィラメントの電灯は、パチパチパチパチまたたいていました。ああいうものでしかない、一つの青い照明でしかない。だから「透明な幽霊の複合体」。私というのは何だ、透明な幽霊が集まっているのだ。これが私というものだ。宮沢賢治は大正の時代にすでにこういうことを言って、透明人間ということを言い出しているわけですね。宮沢賢治が予告したような、そういう透明人間の時代が今やってきました。そういう時にですね、われわれ一体どうやって自分というものをしっかりと見出していくことができるのか。こういう問題が、現代の問題であろうかと思っているわけです。

二　大和の清九郎の信心

それでは、そういう現代の問題と「江戸真宗」と、一体どういう関係があるのかということになってまいります。果たして皆さんが納得のいくように関係をつけて説明ができるかどうかわかりませんけれども、私は現代の問題を考えるのに、「江戸真宗」ということを考えていくことが、大きな手がかりになると思っているわけです。

そこで、本題にようやく入ってまいりますけれども、「江戸真宗」というイメージをどこでつかまえていくか、ということから話していきたいと思います。大和の清九郎という、有名な真宗の信者がいます。妙好人と呼ばれ、『妙好人伝』（日本思想大系『近世の仏教』）という書物の中で紹介されておりまして、江戸時代の真宗の信者の代表的な人物です。どういう信心のあり方をするのかといいますと、たくさんの逸話の中から、いくつか紹介しておきます。この清九郎さんの家にある日泥棒が入りまして、銀札七匁ほど盗られました。人々が大変な災難でしたね、と同情いたしましたところが、清九郎さんが言うにはですね、

折角来たりしに、手を空しくさせず、僅かなれども取らるゝものありてうれしく存ずるなり。

泥棒さんにせっかく入っていただいて、手ぶらで帰らずに、持って行かれるものがあって、まことに嬉しいことでございました。こういうわけですね。ここで「盗られて嬉しきは、何事ぞや」と、盗られて嬉しいとはどういうことかと人々が問いましたら、清九郎が言うようには、

何ぞ嬉しからざらんや。其の故は、盗らるゝ私も同じ生質の凡夫にて、盗みかねたる者なるに、今は御慈悲より盗み心も起らず、却て盗まるゝ身になりたることは、有難きことなり。

私も同じ凡夫であって、私がひょっとしたら泥棒になっていたかもしれないのに、今は盗まれる身になったということは、まことにありがたいことだ、と。こういう信心のあり方をする方なのです。あるいは清九郎さんの家へ行きましたら、部屋の真ん中に、天井から紐が下がっていまして、その先に枕が結びつけてあるんです。これは一体なんだと聞いたら、「親の枕でございます」。枕を足元に置いておいて、何かの拍子に枕を蹴飛ばしたりすると親不孝なことになるから、その親の恩を忘れないために、枕を紐で天井から吊り下げてあるんだというのです。こういう、ちょっと奇妙な信心のあり方を示す逸話がいっぱいあります。

その清九郎さんがどのようにして信心に入ったかといいますと、もともとは大変不信心な男だったのですが、鶯が山から飛んできてなかなか離れようとしない。二年も三年も鶯がつきまとった。そんな、一年中鶯がいるわけはないでしょうが。そして、そのうちに鶯が鳴いている「ホー、ホケキョー」というのが、「法を聞けよ」ということだと気がついて、それから仏法を聞くようになった。こういうようにして信心に入るわけです。その大和の清九郎さんに、大変親孝行であり、まことに信心深い男だというので、土地の領主の母がご褒美をやるからと言ってお城に呼びます。そしてそのときに大和の清九郎に、一体いつ頃から信心を起こしたんだと、こう尋ねます。そのときに清九郎さんが言うには、

四十二・三の頃かとも覚え候へども、其の頃は出離の道に付ても、兎や角やと疑ひしに、いつしか疑ひも晴れ、今は近づく往生を楽しみ、御報謝の念仏を喜ぶ

こういう言葉を残しております。四十二、三の頃だったと思うけれども、その頃はまだいろいろ疑いがいっぱいあって、なかなか信心というものに入ることができなかった。ところが、気がついてみたらいつの間にか疑いが晴れて、信心に入っていた、こう言っているわけです。このような信心のあり方が、本日の題名にとりました「いつとなしの救済」、いつの間にか救われていた、気がついたら救われていた、こういうあり方をするのが江戸時代の妙好人と言われるような方々の、信心のあり方なんですね。

三　「容有ノ一類」

大和の清九郎さんのように、人々がいつの間にか、気がついたら救われていたという信心、こういう信心を持った方々が多いのだろうというように思います。考えてみれば、江

戸時代というのはいわゆる檀家制度ですね。檀家制度ということは、すべての人が生まれたときに、自分のお寺はどこであるかということが決まってしまう。すべての人がどこかのお寺に所属いたします。そしてもちろん親たちもお寺に所属しておりますから、そういう親たちがいろいろと仏法の話をする、それを聞いている、自然に仏さまにお参りする、そういう中から、いつの間にか、仏さまの言葉が耳から入ってきているわけです。いつの間にかいろんな言葉を知っています。そういう中では、それこそいつ自分が信心をとったかとか、いつ仏法というものを聞こうと思ったかとか、そんなことはほとんど考えられないわけですね。気がついたら、いつの間にか自分は仏法のいろんなことを知っていた。そしてそれを手がかりにものを考えたり、生活をしたりしていた。そしてふと気がついたときに、「自分は救われているんだな。仏さまの手のひらの中で、そしてそこで毎日を暮らしているんだな」ということに気がついていくわけです。こういうあり方をするのが、江戸時代の人たちのごく一般的なあり方だろうと、こう思うわけですね。

そういうあり方というものを、真宗の学者たちが、いわゆる教学というかたちで、学問としてまとめていくわけです。そのときにこういう言葉で表現しました。難しい名前が出てまいりますけども、仰誓、仰ぐ誓いと書いて、「ごうぜい」と読みますが、これは西本願寺派の学者で、先ほど言いました大和の清九郎が載っております『妙好人伝』という本を編集した人です。その人のお弟子さんが誓鎧、「せいがい」と読みます。この仰誓と誓鎧というこの二人が交わした手紙が残っています。その中に、清九郎のように、いつの間にか救われていたという信心のあり方を、「容有ノ一類」という言葉で表しています。「容有」という言葉、一体どういう意味なのか、調べてみてもなかなかわかりません。そこで、こういう言葉の専門の人に聞いてみました。「ようゆう」と言うのか、「ようう」と言うのか、一体どう読むのだろうか、これは一体どういう意味だと聞いてみたのですが、なかなかこの意味するところがわかりません。どういう意味なのか、言葉の意味が確定できないままにいるわけですが、これはいつとなしに救われていた、気がついたら救われていたということ、そういうあり方を「容有ノ一類」と、こういう言い方をしているわけです。

その言葉は、誓鎧が師匠の仰誓に対して出した手紙（真宗全書『真宗小部集』所収「棲淨斎注進書」）の中に、

容有ノ一類ニハ。昔ヨリ当門下ニ列テ。夜トナク昼トナク。本願他力ノイワレヲ聞薫シテ。ソノ心中ニ微塵ハカリモ往生ヲアヤフマス。……イツコソ格別ニ帰命ノ儀式ヲナシタルコトヲオボヘストモ……

というように、いつこそ格別に、帰命、助けたまえと頼んだ覚えはないいんだけれども、いつの間にか自分は救われてしまっていた。

タダ往生仏願ニマカセ奉リテ、往生一定ト領解スルモノナラハ、ナンソ正教ニ違スルト云ハンヤ。容有トイウ内、マツ拙僧モソノ機ニテ候

そのような者を「容有」というなら、私もその一人なんだ。こういうように誓鎧という人は言っております。それから誓鎧は「容有ノ一類」とはどういうことかと、もうちょっとたとえ話を出しております。

譬ハ幼少ノ時ハ父母ト知ラサレトモ、成長スルニ随ヒテ、朝夕父母ノ傍ニアル故。イツ父母ヲ知リタリト云ソノ始メハ覚エサレトモ。自然ト吾父母ヲワキマヘテ、取リチカヘルコトナキ如シ。

子供は、自分はお父さんお母さんと知っているわけじゃないが、ずっと側にいるもんだから、これが自分の父母だということを、いつの間にか覚えてしまう。私はこの人がお父さんだと、お母さんだと、そんなことを意識して覚えたわけではないのですね。しかし、自分の父母を間違えることはない。そのように仏さまの教えというものを、自分がいつ聞いた、いつ信心がはっきりわかったと、そんなことは何も覚えがない。あるいは教えを聞いてどうか助けてくださいと頼んだという、そんな覚えも実は、はっきりしないんだ。だけども気がついたら、ちゃんと仏さまの教えの中に自分は生活していたのだ。こういうあり方を「容有ノ一類」というのだと言うのです。

そこで、その手紙を読んだ師匠の仰誓が、返書（「合明閣報書」同前所収）で、

貴房モ容有ノ機ト御申候ガ。愚老モマタ所謂容有ノ一人ニヤ。生レテコノカタ。イツ如来頼奉リシトイフ記モコレナク候ヘトモ。……

というように、あなたも「容有ノ機」と申されるか。私もまたいわゆる「容有ノ一人」でございます。生まれてよりこの方、いつ如来を頼み奉ったという覚えもありません、と言うのですね。私もまた生まれてこの方、いつ仏を頼んだという覚えもないけれども、すでに仏さまの教えの中に自分は救われているんだと、こう言っているわけです。ですから、人々がいつ頼んだという覚えもないけれども、気がついたらいつの間にか救われていた。こういう信心を持っていた。そのことを学者たちが、いわゆる教学というかたちに表していきますと、それが「容有ノ一類」という、こういう言葉になったわけです。

四　三業帰命説と無帰命安心

それでは、そういう教えが、あるいはそのような人々の信心がどのようにして生まれてきたのか。もともとそうだったかというと、どうもそうではないわけです。この「容有ノ一類」という教えと全く正反対の教えが「三業帰命」という教えなんですね。三業という

のは、身・口・意三業と申しまして、身体と口と心、帰命というのは助けたまえと頼むということですから、まず身には合掌、合掌して帰命という姿を表します。それから、口には南無阿弥陀仏というお念仏を称えて、助けたまえと頼みます。それから、心の中には仏さま、助けてくださいという思いを持つわけです。心に助けたまえと思い、口に念仏を称えて、そして体には合掌するという、この身・口・意三業を合わせて、つまり全身全霊でもって助けたまえと頼んでいく。そのことによって救われていくのだという、こういう考え方が三業帰命という考え方です。

仰誓という人は、この三業帰命説に対して、それは間違っている、真宗というのは、助けたまえと一心不乱に頼まなければ助けてもらえない、そういう教えではないんだ、と考えるわけです。三業帰命説というものが広まっていったことに対して、それは違うと言い、人々はいつの間にか救われているのだと、こういう考え方を出してきたのです。それじゃ一体、なぜ三業帰命説というような考え方が出てくるのかというと、これと正反対なのは「無帰命安心」という考え方でございまして、助けたまえと、そんなことを言うことも思うことも必要ない。念仏することもいらなければ、合掌することもいらない、こういう考え方なのです。どうしてそうなるかと申しますと、南無阿弥陀仏という仏さまは、仏さまになられる前、法蔵菩薩と名乗っていたときに、四十八の願いを立てられます。いわゆる本願でございますね。そしてこの本願がすべて成就したとき、そのときに私は仏になろうと誓われました。逆に言えば、一人でも迷っている者がいる限り、自分は仏にならないという、こういう誓いを立てられたわけです。ですから一人でも迷うている限り、実は南無阿弥陀仏という仏さまは出現しないはずなんですね。ずっと法蔵菩薩のままでおられる。ところが不思議なことに、法蔵菩薩はいち早く南無阿弥陀仏という仏になってしまわれた。そうなると、みんなが救われない限り仏にならんと言われた方が仏になられたのだから、それは、みんなが救われるということが完成したということにほかならない。だから南無阿弥陀仏という仏が出現されたということは、すべての人間は救われたのだと、こう考えたわけです。すでに救われているのだから、今さら念仏したり、合掌したり、助けたまえと頼んだり、そんなことをする必要は全くないのだと言うのです。これを無帰命安心と言います。法蔵菩薩が仏になられたのが、十劫の昔、量り知れない永遠の昔ですから、十劫の昔から現在に至るまで、われわれすべての人間は救われてきたんだ、そういう意味でこれを、十劫安心という言い方もいたします。

無帰命安心というのは、本来すべての人間は救われているという、こういう考え方です。こういう考え方が、江戸時代の初めから、あるいはもっと早く蓮如上人の時代からずっとございます。さらには蓮如上人よりもっと早くからあります。これは『安心決定鈔』という書物があって、それにこういう考え方が書かれております。もともと救われていて、何もしなくてもよい、と言うのですから、人々はすぐそちらのほうへ流れて行く。蓮如上人もそれを間違いであるとして、何とかして正そうとして一生懸命になっておられます。十劫の昔からわれわれはすでに救われていたんだ、したがって私は仏であるということから、仏さまと私とが全く一体であるという、「機法一体」という、こういう考え方も出てくるわけなんですね。この考え方の根拠はいくつかございますが、たとえば、観無量寿経というお経の中に、仏さまが一切衆生の心の中に入り込んでおられる、つまり自分の心の中に仏がおられるという、こういう考え方があります。この考え方は、江戸時代の初めには非常に広く広がっております。たとえば、「唯心の弥陀、己心の浄土」、自分の心にこそ仏がおられる。仏はどこにでもおられるわけじゃない、自分の心におられるのだ。浄土という世界はどこにあるか。それは私の心の中にある。仏の浄土はすべて自分の心のあらわれである。こういう考え方が江戸の初めには非常に広く広がっております。仏さまが私の心の中に入り込んでおられる。そして仏さまが一人でも迷える者がいたら自分は仏にならないと誓われた、その仏が仏になられたのだから、私はもう救われているんだという、こういう考え方が非常に広く広まっているわけなんですね。真宗の安心の中でも、そういう考え方の人がたくさん出てまいりました。

五　帰命の教学

そこで、こういう考え方を何とかしなきゃならない。つまり、すべてもともと救われているのじゃなくて、仏さまから与えられた、助けたまえと頼むという心、帰命という心が起こって初めて、そこで仏さまと自分の関係ができるわけなんですね。そこで助けたまえ、頼むという、帰命という姿を現したときに救われていく。こうでなければならないはずである。そこで真宗の何人もの学者たちが、一生懸命考えました。そしてそういう考え方を否定する教学を樹立しなければならない。ところが、そういう考え方を全くひっくり返してしまうわけにはいかない。そういう考え方に乗っかりながら、そういう考え方を変えていかなきゃならない。そこでちょうど元禄時代に、大谷派の方で恵空という学者が現れてまいります。そして、『叢林集』（真宗史料集成・八）で、

蓮如上人モ多クハタノムヲ信也ト云ヒ、又ハタノムノ言無クシテ、タ、コ、ロエワケタルヲ信心ヲトルトハイフナリ

「頼む」ということ、帰命ということは信心のことであるが、また心得分けたることであると、こう言うのですね。帰命というのは、助けたまえと頼むことじゃなくてもいいのだ

と。頼む、頼むと言わなくてもいいのだと。仏さまが私たちを必ず救うというその誓願、その本願を、ああ、そうでございましたと心得分けるということ、これが帰命ということなんだ、これでいいのだと言うのです。だからこれは、先ほど申しました「容有ノ一類」という、気がついたら救われる、ああそうかと気がつくということと帰命は同じことなんだと、こういうわけです。つまり、一生懸命助けたまえと頼むということは、なかなかはできない。だけども、何とかして救ってほしいと願っているときに、実は仏さまの教えの中に自分は包まれているのだと気がついた、「心得分けたる」、それでいいのだと、こういうわけです。ですからこれは、「容有ノ一類」という考え方の一番先の始まりなんですね。教学的には、これでいいんだという考え方を最初に出したのは恵空という方です。

しかし一方、この無帰命安心という考え方が一向に衰えないわけですが、その無帰命安心という考え方は、ひとつの行き詰まりをみせてきます。もともと救われていたのだと気づいてみても、そこから先の実践が何も出てこない。無帰命ですから、宗教的には無実践でよいわけです。そこで、そのような無帰命説に対して出てきますのは、どう名前をつけたらいいかわかりませんが、自分は救われない、「地獄一定」であるという信心のあり方です。そのままでいいんだと言うけれども、この私という者は、とても仏さまに救われるような者ではない、まことにあさましい人間であります、という自覚です。仏さまは必ず救うと説いておられます。ああそうかと気がついたいただけでいいんだと、こう言うけれども、気がついてみたらこの私というものは、とても仏さまに救ってもらえるような人間ではなかった。所詮、地獄へ行くしかないような、そういう人間であったという、こういう考え方なんですね。

自分は絶対に救われない者であるという、こういう考え方が出てきますと、教学そのものも変わってくるわけです。たとえば東本願寺派では円乗院宣明という講師が出られますけれども、これがちょうど十八世紀と十九世紀の境い目ぐらい、仰誓、誓鎧の少し前か、ほぼ同じ時代の方です。その宣明の説教（『聖人一流御文講話』大谷大学図書館林山文庫）の中に、こういう言葉があります。

ソレナリテ助ケテヤルトアル御慈悲。ソノ御慈悲ニ向ヒ乍ラ疑フ道理ハナイ。計ラフヤウハナイ。イヤ、私ニオキマシテハ、如来様ノ御手前ハ少シモ疑ヒマセヌケレトモ、イカニイフテモ、我身ノアサマシキ事ガ思ヒシラレテ、アマリノ事ニ我機ニ止マリ、ブタマ〳〵如来聖人ノ御前へ出席シテモ、少シ御勧メモ長ク御勧化モ長座ニナルト、ブラリ〳〵ト眠リガキマスユヘ、扨テ〳〵コレテハナラヌト我心ヲトリナヲソフトスルト、ワケモナイ古ヘノ若イトキヤ悪性ヲヤリタ時ヲ思ヒ出シテ、本ニ思ヒマワシテミレバ、子供ノ時ハチヤウヤトンボノ命ヲトリ、扨テ若キ時ハ数々ノ罪過ヲイタシ、本ニ親ニモ子ニモ打チアカサレヌ我ガ胸ノ中チ、思ヒマハシテミレバ、我身ナガラモアイソガツキテ、コノヨウナアサマシキ心中デハ、未来ノ大事ハドウテアラフヤラ疑ウフユヘニ、ソコヲウタガヒハセマイ為ニ、罪ハイカホドフカクトモ助ケルソヤト仰セラレタ。嫁々サマ達ヤバヾサマ達ノウシロクライコノ心中ヲ、人ノ中デ中シノベル事ハナルマイ。

このように、説教を聞いていても、ついつい話が長くなると眠ってしまう、そういう自分だ。そして居眠りをしながら何を思うかと言えば、自分が若いときに、とんぼや蝶を殺して遊んだ、それから悪いことをさんざんした、そういうことが思い出されてくるんですね。そしてそのことを、親にも子にも誰にも告げることができない、そういうような自分であったということに気がついてくる。このようなあさましい心中を持った者、そういう者が本当に助けられるのだろうかと、こういう疑いが起こってきたんですね。ところがそれに続けて、

我人ノウシロクライ心中ハ無始已来コノ弥陀ハヨク承知チヤホドニ、ソレナリデ弥陀ニスガレトアル事ナリ。

お前たちの後ろ暗い心中は仏さまは十分承知だから、そのままで仏さまにすがればいいんだと。

ミサケハテタル今日我人ナレドモ、ソノ念仏一辺称ヘラレヌヤウナ悪人ヲ、ソレナリデ助ケテヤルト有ルガ弥陀ノ本願

このようにして、ここで絶対に救われることのないような人間、その人間を救っていくのが阿弥陀さまなんだ。阿弥陀さまの本願なんだと、このように展開されています。人間、もともと救われていたんだという考え方から、もともと救われていたにしては何というあさましい自分か、こういう考え方が出てまいりました。そのあさましい人間を、そのままで助けてやるとおっしゃるのがこれが仏さまの本願なんだと、こういうように教学が変わってくるわけなんですね。一番最初は、本来救われているものという、こういう信仰がありました。その次に、絶対に救われないものという、こういう信心が生まれてまいります。本来救われているものならば、そのままでいいわけです。次に、絶対に救われないものと、こう気がついたときに、そのままで救う本願という、こういう教えが出てまいります。そして最後に、すべてがありのまま、そのままで、いつ信心に入ったと気がついてないけれども、また、助けたまえと思うこともなかったけれども、それがいつの間にか救われていたんだという、こういう信心になっていたのですね。江戸時代の真宗の信仰というのは、このようにして、必ず救われるはずである、そのために何が必要か、実は何にも必要ないのだと、こういうように展開していったわけです。そういう信心のあり方を私は「いつと

なしの救済」と、そのように申し上げたわけでございます。

六　江戸真宗と現代

そのようにして、いつとなしに救われているという、こういう信心が江戸時代の真宗の中心になったということが、一体どういう意味を持つのでしょうか。そのことを思いますときに、蓮如上人の「御文」の中で有名な言葉がございます。

ただあきないをもし、奉公をもせよ。猟、すなどりをもせよ。かゝるあさましき罪業にのみ朝夕まどひぬる我等ごときのいたづらものを、たすけんとちかいまします阿弥陀如来の本願にてましますぞとふかく信じて……（御文一の三）

つまり、商売人は商売をしなさい、侍に奉公する者は奉公をしなさい。猟師は猟を、漁師は漁をしなさい。そういう毎日毎日の自分の生業というものをそのまま続けながら、それをまことにあさましい生きざまである、まことにはかない生きざまである、そのように考え、思ったときに、そのことに一切関係なしに仏さまは必ずそのままで、商売人は商売人のままで、猟師は猟師のままで、必ず救われていくのだという、このような蓮如上人のお言葉がございます。こういう生き方というものが、一般の人々のごく当たり前の生活なのだと思います。

大谷大学というところは真宗の学問をするところでございますので、朝から晩まで、真宗とはどういうことかということだけを考えている学者がいるわけです。その学者さん、そういう学者にとっては、こういう気がついたら救われるという、そういう信心でいいのか、それで一体何が出てくるんだという、このように思われるだろうと思います。まだそういうことを直接話したことはございませんけれども、多分そうだろうと思います。そうじゃなくって、朝から晩まで、真宗とはどういうことかと考えている方々と、私なんかが話をいたしましても、それはとてもかないません。かないませんというのは、それは朝から晩まで考えておりますから、いろんなことを知っておられますし、いろいろ深い考えを持っておられます。しかし、私は日本史が専門でございます。そして寺の住職も一方でやっているわけですけども、そこで普段は、たとえば明日の授業はどうしようかと、古文書を教えないといかん、くずし字をどうやって学生に読ませるかと考えているわけですね。それから今やっていることで言いますと、大河ドラマで「元禄繚乱」がありましたが、私は講義で「元禄文化論」というのを話しているわけです。元禄文化の中で、浄瑠璃の話や歌舞伎の話をしたりしております。それから尾形光琳の白梅紅梅の図がどうであるかとか、そんな話を一方でやっているわけです。それから大学院の学生を相手にして、徳川家康の伝記を読んでおります。徳川家康が、これは仏教に関係があるのですが、「厭離穢土、欣求浄土」という旗印を立てて戦う、この徳川家康が実は阿弥陀さまによって天下を与えられたのだという話を書いた書物があるわけです。そんな本をいっぱい集めてきて、学生と一緒に研究しているわけです。そうすると、徳川家康が桶狭間でどうしたこうしたというような話を考えなければいかん。まあそんなような、ほとんど仏教と関係が、全くないわけじゃありませんが、信心ということとはほとんど関係ないようなことを、毎日毎日、仕事としてやっているわけです。

これは蓮如上人がおっしゃるように、「あきないをもし、奉公をもせよ、猟、すなどりをもせよ」と。つまり日々、人々は自分の生業を一生懸命やりなさい。そういう中で信心、仏の教えをいただいて生きなさい、こういうのが一般の人々と信心の関わりなんですね。そういう日頃の生業の中で、自分の生き方、そして自分のあさましさ、そういうことに気がついて、救いを求めていく。こういうものの考え方と、そういうことは抜きにして朝から晩まで真宗をということを考えているのは、私はある意味でいささか異常なんじゃないかという気がするわけです。だから衣を着て、坊さんだけ専門にやっておる、あるいは真宗だけ専門に研究しておるというのは、まあ一般の人から見たら非常に変わった人たちだろうと思います。そういう人たちから、こういう「気がついたら救われていた」という考え方を、それはだめだと言われたら、ちょっと素直に納得しかねるわけなんですね。こんなことを言うのが目的じゃなかったんですけども。

そこで、そういうようにして、日頃の生活のままでいいんだ、気がついたら救われていたんだと、こういうような考え方が、これが江戸の真宗とは言わず、現代の真宗においても、典型的なごく普通の信心のあり方ではないのかな、このように思うわけですね。そして「かゝるあさましき罪業にのみ朝夕まどひぬる我等ごときのいたづらもの」と、こう蓮如上人がおっしゃった言葉が、ああそうか、昔の人もそのようにして、自分の日頃の稼ぎの中で、生業の中で、真宗を考えていったんだなあと納得するわけです。現在の私もまた、毎日毎日の生活の中で真宗というものをいただいていく、それしかないんじゃないかなと、こう考えます。そして昔の人は蓮如上人がおっしゃるように、「かゝるあさましき罪業にのみ」という、ものの命をとる猟師というような仕事をする、あるいは当時、商人というのは人をだますことだと考えられましたから、人をだますようなあさましい仕事をしているのは人をだますことだと考えられましたから、人をだますようなあさましい仕事をしている。それから「奉公」をもせよというのは、奉公というのは丁稚奉公のことじゃなく、蓮如上人の言葉で奉公と言えば、これは武家奉公なんですね。侍に仕える、侍に仕えるということは実は人殺しをするということなんですね。そういうものの命をとったり、人をだましたり殺したり、そういうのが自分の生業なんだ。まことにあさましいことなんだなあと、こう考えていました。

それが現代のわれわれにとっても大きな意味を持っております。とくに現代の社会というものが、今まで正当な仕事であると考えられてきた銀行なんてものが、実はまことにあさましい仕事をやっておるんだということが、だんだん暴露されてまいりました。そしてエリートサラリーマンであるという顔をしていた銀行員が、まことにあさましき罪業にまどいぬるものであるということがわかってくる。そういったときに、その銀行員を責めるわけじゃなくて、私も実はあさましき罪業にまどいぬるものであったと、多くの方々が、先祖代々の人間が、そのようにあさましい罪業の中にまどって生きていきながら、その中で気がついたら仏さまに助けてもらっていたんだと、まことにありがたいことであったと、こう気がついて生きていく生活をしてきた。そういうことが、今、大変大事なことじゃないのだろうかと思うわけです。しっかり勉強して、そして、すばらしい信心を得て、そこから何か新しいものを生み出していくような、そういう信心というものがすばらしいものであるというように考えられておりますけれども、そうじゃなくて、私たち一人ひとりが日々の暮らしの中で、日々の暮らしを安心して暮らしていけるような、そういう信心のあり方というものが、実は真宗というものの一番大事な教えではないのかな、まあ、こんなことを考えておるわけです。

私は寺に生まれました。寺に生まれたけれども、寺に生まれた人間はとくにそうだと思うのですが、いつ助けたまえと言った覚えもない。一体、自分はいつ自覚的に仏の教えを学ぼうと思ったのだろうか、考えてもはっきり覚えもないのです。気がついたらいつの間にか衣を着て、お参りをして、そして教壇に立って、何かわかったようなつもりで人にものをしゃべっている、まことにあさましい人間であるという気がしてまいります。仏の教えがありがたい教えであると気がついて、そしてそこで仏さまの教えに自覚的に向かっていった自分はどこにもいないわけです。気がついたら自分の生業としてそれをやっていた。ところが、そういう者をこそ、実は本当に仏さまが救っていかねばならない人間であると、こうおっしゃっているんだと気がつきました。これはまことにありがたいことであったと。衣を着ている寺の人間なんて、そのような信心の一番典型だろうという気がいたします。

そういうように、自分のあり方をいわば自己弁護するような、まことに都合のいい材料を江戸時代に見つけているという、こういうように言われるかもしれませんが、そういうものを私は江戸時代に見出していくことによって、それが現代に生きていくわれわれにとって、大変重要な意味を持っているんじゃないかと考えるのです。進歩進歩、先へ先へと進んでいく、そして新しいものを見出していく、そういうものが良しとされた、こういう時代はすでに終わりました。それは近代という時代でした。しかし、そういう時代はすでに終わったのです。そして私たちは何にもなくなった。透明人間になってしまった私たち。そんな私たちを支えていくのは、本当に平凡な毎日毎日の仕事に追われながら、その中で、かかるあさましき罪業にまどっている私をそのまま救いとっていただける、そういう仏の教えに出会っていくということ、このことが今一番大事なことじゃないのかなと、こんなことを思っているわけです。

ある真宗門徒の幕末

はじめに

「ある真宗門徒の幕末」というタイトルを出しました。一体この題名から、どういう話なのかなあと思われたことと思います。幕末という言葉から、いわゆる尊皇攘夷運動とかあるいは真宗が関わるなら廃仏毀釈、そういうふうな激しい動きが、幕末という言葉からは頭の中に浮かんでまいります。そういう幕末動乱の動きの中に真宗門徒が何らかの関わりを持ったのか、そんなことが題名だけからは連想されてまいります。

そういうようなことが全くなかったわけではありません。尊皇攘夷運動には直接的に真宗門徒が関わったことはなかったかもしれませんが、廃仏毀釈ということに関しましては、全国各地で真宗門徒が非常に激しい抵抗を行います。仏像を廃棄して神社の神体を祀るという動き、たとえば新潟県の弥彦神社というところでは、親鸞聖人のお木像がお祀りしてありました。その木像を神社から廃棄してしまう、そういう動きがあったときに、越後の真宗門徒が非常に激しく抵抗いたしまして、その木像を別のところに安置してお守りしていく、そういうことが近来、奈倉哲三さんの研究によって明らかにされました（二二六頁以下参照）。いろんなところで廃仏毀釈の運動に真宗門徒が実に粘り強く抵抗したことが、安丸良夫先生が『神々の明治維新』という書物を書かれまして、明らかにされてきました。そんなふうなことがこの題名から念頭に浮かんでくるかなと思うのですが、実は本日申し上げようという話は、そういうドラスティックなといいますか、激しい動きは一切出てまいりません。幕末を生きた一人の真宗門徒を取り上げていきますけれども、その真宗門徒にとっては、幕末の激しい動き、そのような幕末がなかったという、そんな生き方をした一人の真宗門徒のことを申しあげようと思っております。

しかし幕末の激動との関係が全くなかったわけではございません。幕末のいろいろな動きの中の一つに、「ええじゃないか」という運動がございます。運動といってよいかどうかわかりませんが、大衆運動と言えばよいでしょうか、そういうものとの関わりの中において真宗に目覚めていった、そういう過程がわかってくる一人の人間がいます。それは原稲城という人です。その人は世間に知られているとか、一般の歴史の書物に登場するような人ではございません。尾張の国の丹羽郡一宮の近郊に、浮野という村がございます。そこの庄屋クラスの豪農と言ってよいかどうか、どれだけ石高を持っていたのかよくわからないのですが、村の指導層クラスの一人の農民でございます。生まれたのが一八三〇年(天保元)で、明治維新のとき、一八六八年には三十九歳になります。そして一九〇六年、日露戦争が終わった年に七十七歳で亡くなっております。ちょうど明治維新をはさみ、前後ほぼ四十年ずつを生きた、そういう人です。

この人が、四十五歳の明治六年に自分の前半生を振り返った記録、「心に掟置言葉」という題名の懺悔録、あるいは回顧録を書いております。日記風の回顧録ですが、たまたまこの記録に気がつきました。尾張『一宮市史』の資料編の第十巻に収められています。私が自分で見つけたわけではございません。江戸時代の真宗門徒がどういう生き方をしたか、どういう心情を持っていたか、ということにつき、有元正雄という先生と論戦をいたしまして、有元さんの言うことは間違っているという議論をふっかけました。向こうからも反論がくるので、また反論しなけりゃならない、ということをやっている(一三五頁参照)ときに、有元さんがどういう材料でそういうことを言っているのかということを、順番に洗い出してみました。その中にたまたま「心に掟置言葉」、これが数行引用されていました。それを調べてみましたらかなり長い回顧録でございまして、読んでいたら、これは有元さんの言うようなこととは違うだろうということに気がつきました。原稲城という人は、自分の書いたものを誰か気がついてくれることを願っていたのが、たまたま縁が巡ってきてそれに私が巡り合った、そういうことだろうと思うのです（「参考文献一覧」論文⑧参照）。

一　真宗地帯ということ

その一宮近郊の浮野村というところへ初めてまいりました。一宮の町から少し離れた純然たる農村地帯で、養鶏が盛んなところで鶏小屋がいっぱい並んでいました。そういう中を走ってまいりましたら、二十〜三十軒ほどの家が一かたまりになってありました。その村の中に大谷派と西本願寺派の、東西二つのお寺があるわけです。その二つのお寺のちょうど中間のところに、かつて原家があったという屋敷跡が残っておりました。そしてそのお寺を訪ねて行きましたら、何とそのお寺は、かつて本学の仏教学の教授であった横超慧日先生のお生まれになったお寺でした。現在は横超先生の甥の方がご住職をしておられますが、その方からいろんなことを教えていただきました。原家の子孫は現在、浮野村を離れまして、一時、知多半島の入り口のところで旅館業をやっておられたが、現在はさらにまた知多半島の先端のほう、小野浦というところでホテルをやっておられるとのこと。そこまで訪ねて行きまして、稲城の書いたものの実物などを見せてもらいました。そのようにして、原稲城という人物に関わることになったわけです。

この尾張一宮、このあたりは真宗地帯と言っていいところかと思います。尾張門徒の一角を形成しているところですが、一体、真宗地帯ということはどういうことなのか、真宗という宗教が盛んな地域であるということだけではない、と私は思います。それは真宗というものが、ものの考え方、生活のスタイル、そのものになってしまっているということだと思います。そこに住んでいる人たちは、自分の生活のあり方が真宗的なものになっているということに、ほとんど気がつかない。たとえば東京に住むとか、そういうことをやってみて、自分が移り住んだところと生まれたところが随分違うなあと、外部に出てみて初めて、自分たちの生まれ育ったところの生活が、実は真宗ということに深い関係を持っているんだということに気がついていくという、そんなところが真宗地帯ということではないかなと思います。そのようなことを私は、「真宗が住み着いている世界」と、こう言っているわけです。

真宗が人々の中に住み着いてしまっている。そういうことをヨーロッパの宗教学者、社会学者のルックマンとかピーター・バーガーなどは、世俗化という言葉で言うわけです（ルックマン『見えない宗教』ヨルダン社、バーガー『聖なる天蓋』新曜社）。宗教が世俗化してしまった。どうも私は、それは反対ではないのかなと思います。むしろ世間が宗教化してしまっている。その意味で、自分の生活が宗教そのものの暮らし方をしているのだということに気がつかない、そういうことではないのかなと思っています。

あまりよい例ではありませんが、今から二十～三十年前になりますが、石川県の能登半島の七尾というところで、火力発電所を造るということがありました。そのとき、近くの漁師さんたちが非常に激しい反対運動をいたしました。漁船を連ねて海上デモをやったのですが、その漁船の上に、「南無阿弥陀仏・一心一向」と書いた旗が翻ったのです。そしたら、一向一揆の再来だという騒ぎになった。ある新聞記者が電話をしてきまして、どうしてあんな旗が出るんだ、「南無阿弥陀仏・一心一向」という言葉が、発電所反対にどういう関係があるんだ、という質問をしてくるわけです。私もとっさに返答に困ったのですが、それは、その「南無阿弥陀仏・一心一向」という言葉が、自分たちにとってごく当たり前の言葉だから出てきたのだろう、つまり自分たちの反対の気持ちを表明するのに、絶対反対とか、そんな言葉よりも、「南無阿弥陀仏・一心一向」の旗を立てるほうが、自分たちの気持ちを一番よく表わすことになると、そういうように人々が思ったからそうやったのだろうと、そういうように申しました。地元出身ではないその新聞記者は、何のことかわからん、と言うわけです。こういうことが、真宗が住み着いているということ、それが身近なことになってしまっていて、それが特別な意味を持っていると気がつかない、そんなような世界が「真宗世界」ということであろうと思います。

真宗が住み着いた世界では、真宗という宗教が独自な考え方を持った宗教であるということに人々は気がつかない。ということは、そこに住んでいる人たちは自分の心に気がつかない何者かを住まわせておりながら、それが自分と違うものだということに気がついていない。そんな意味で真宗世界の真宗は、内なる他者、自分の内部に住み着いた他者であるが、それに気がつかない。ところが何かのきっかけで、自分の中に真宗というものが住み着いていると気がついたときに、その真宗とはどういうものだろうかと明らかにしていく、そういう作業に人々は関わるわけです。たとえば小さいときから言葉として知っていた正信偈、それは一体、何が書いてあるんだろう、どういうことなんだろう、ということを始めていって、そこで初めて、正信偈が親鸞聖人の書かれたものである、それが自分たちがどうしても求めなければならない、そうしたものを現しているんだと気づいていく、そういう目覚め方をしていくのが真宗地帯に生まれ育った者の真宗理解、真宗を受け止めていくあり方であろう、このように思うわけです。

二　原稲城の青年期

原稲城という人の生き方を見ていきますと、真宗というものは、そういう関わり方をするのだと気がついた、ということです。一八三〇年（天保元）に生まれ、父親は浮野村で、惣庄屋という役についておりました。字だけ見ますと村全体の大庄屋のように思えるのですが、そんな役ではなくて、惣というのは村の中のあるグループを指すようです。村の中にいくつかの惣があって、組のようなもので、そのような組の世話をする、村肝煎のような家柄の人でした。

ところが、その父親は国学にこり固まっております。ご存知のように本居宣長によって確立された国学という学問、それが幕末には全国各地で広く人々に受容されていきます。この父親は国学にかぶれまして、近くの美濃武儀郡の上有知《こうずち》というところにおりました、河村忠右衛門内郷という国学者に師事していました。この河村内郷という国学者は本居春庭の門下です。春庭は本居宣長の子供ですが、失明します。それで本居国学の本流は、養子の本居太平という人に継承されていきますが、春庭はもっぱら本居国学の歌のほう、和歌の道を中心とした仕事を引き継ぎました。この河村内郷もしたがって和歌に勝れ、国学の研究のうちでも和歌を中心とし、また一方で自分たちの郷土の歴史の研究に非常に熱心なものがありました。そうした郷土とのかかわりの一つに、用水の問題がありました。長良川に注いでいる曾大用水という用水がありますが、これを尾張藩が管理するか、地元の農民が管理するかという、藩と農民の激しい争いがあったときに、その中で農民の側に立ちまして、用水は農民のものであるということを主張しまして、江戸まで出かけて訴訟に携わる。民衆の中に入って民衆と一緒になって、郷土というものを再建していくという、そういう関わり方をした国学者なのです。

そういう関わり方をした国学者は各地に随分おりまして、全国各地で国学というものは郷土を再建していく、幕末の荒廃した農村を如何にして建て直すかというところに、国学というものが随分大きな役割を果たしています。そういう人の門下でありました父親は、自分たちの住んでいる浮野村を荒廃から如何に建て直すか、そういうことに一生懸命尽くした人でした。その子供の稲城も、郷土をどうやって再建するか、とくに水利・用水の問題に関わって、いろんな事業をやっていくことになるわけです。青年時代の稲城は、父親の影響で国学の勉強から始めていきます。国学の勉強はどうしても神道のほうにいきますので、真宗というのは全然顧みない。稲城は幼い頃から、村の二つの真宗の寺で手習いをやっているんです。手習いだけではなくて、お勤めももちろん知っておりますし、お文を読まされたりして、真宗の知識は十分身につけているのです。ところがこのように国学の勉強を始めますと、真宗なんかは顧みない。ところが「心に掟置言葉」の冒頭には、

おのれの二十三歳にして父におくれ、あと相続をなしけるに、わかたらちねの業は村長を永々しく勤めて者貢ものをとるに、心の禍か業有て人を害事あれば其報来り、我名も悪敷道に趣くへきに

とありまして、二十三歳のときに父親が亡くなり、彼は惣庄屋という仕事を引き受けることになった。回顧録の冒頭の文章はこのようにして始められます。自分の父親の仕事である村長というのは、人から貢物を取る仕事である。人を損なっているものだから、そのことが業となってその報いが自分にやってきて、自分も悪敷道へ趣く、これは地獄ということですが、やがて自分は地獄へ落ちる身であろう、こんな言葉を冒頭に書いております。これは後に明治六年になって書いたものですから、当時そんなように思ったかどうか、それはともかくといたしまして、村長という仕事は人から貢物を取る仕事なんだ、こういう意識を持っているわけです。人を搾取していくことに対して非常に強い自省心を、ずっとこれから持ち続けていくことになります。

その一方で、真宗門徒らしいことをちらっと見せることがありました。家を継いだ翌年の二十四歳のときに、師匠の河村内郷の命令で京都へ使いに行くことがありました。嘉永

七年に京都に大火がございまして、内郷が親しくしていた公家へ火事見舞いに行けということでした。京都へやって来た稲城が泊まったのが、丹羽郡の詰所でございます。今も東本願寺の前にありまして、「御宿にわ」なんていうハイカラな名前になりましたが、あそこへ泊まりまして本願寺へもちゃんとお参りをいたしました。そのとき書きました『都道の記』という紀行に、もっともらしい歌を詠んでおります。

迷いぬる　こころの闇の　今晴て　ミ法の道に　入るぞ嬉き

という歌です。真宗門徒としての素養があることは示しますけれども、真宗の言葉を並べるだけで、ほとんど意味らしい意味を持たないような、そんな歌しか詠んでおりません。それはそれとしまして、本来の役目であるお公家さんへ火事見舞いをすませ、本願寺にもお参りして、それで仕事は終わったというので、祇園へ行って散々遊んでおります。そして名残を惜しみながら近江あたりまで着きましたが、そこで思い返して、もう二度と京都へ来ることもなかろう、もう一度遊ぶんだと引き返して、また祇園で遊んでいる、そんな青年なんですね。

三　禁酒の誓いと挫折

そのような稲城が、一番自分の努力を注いでおりますのが、大変お酒が好きなのですが、何とかして酒を止めようという、その努力をずっと続けていくことでした。そのことが日記風に書かれた「心に掟置言葉」の中心になっています。みな同じようなことなのですが、その中から一部を紹介します。

安政三年十月（二十七歳）

おなし月二十五日、倩々思ひ廻らすに、此二日三日の間は酒呑て宴なしけれと、宴弥増てうたてなりけれ者、又酒を沢山ニ呑は心乱れて不宜、今よりは酒を呑事停止せむ事いとよろし、されども神酒とて人々の　神え奉捧物なれば、ひとつきふたつき二千代と呑て、いと多きハ心乱るゝ基なれハ忌、されとおのか心にて忌とも限りなくハ甲斐なし、今よりハ二合を呑て謹ミ、三合に而限りを付、余りハ堅忌、必勿忘事

限りなく呑ハ悪敷と酒の名の　ひしりはいたく戒にけれ

自分は酒癖が悪いということを十分承知しておりますので、二合で謹み、三合では絶対に止めると、こういう誓いを立てるわけです。さあ、それがどうなったか、次を見ましょ

う。

安政六年十月十一日（三十歳）

然れともわか村長とのミ人にかしつかれぬる身と成ても、村長といへる程のけしめなく而ハ、いといとふつたなき事なりけれ者、今よりいと〳〵心を改て、猶身の慎ミをいたし、酒杯もはかりなく呑過者いと心ミたれぬる基なれはとて、二年三とせ先に二合ニ而慎ミ、三合を限りと定めけるか、いつしか其定めもいつしかゆるミ勝になりて、今ニ而ハはからひ限りなく呑やうになりて、いと其定めのゆるミけるハ、丈夫の掟つる事とハ不覚、いと口惜き事なり、然れとも是迄過しし事歎きても詮なし、悔ミても帰らむ事なりけれ者、いよいよ此後再心を改、何事ニよらす事不終内ハ酒を忌、されと限りハ是迄の通り昔定めしこと三合を限りとす、

自分は村長として人から崇められる身である。三年前に二合で慎み、三合を限りとすと誓ったが、なかなか守れない。そこでまた仕事が終わるまでは酒は飲まない、飲んでも三合を限りとするんだという誓いを立てますが、それもやはり守れなかった。

次には慶応元年、三十六歳のときですが、狂言の顔見せを見に行きました。

慶応元乙丑四月十四日（三十六歳）

酒をも肉をも沢山ニ持来りしゆへ、大ニ呑て前後不覚ニ而、去ル安政三辰に定めし「無

計呑ハ悪敷と酒の名の聖ハいたく戒にけり」と云歌の心もいつしか失、又安政六神無月十一日再慎ミ替て、御用不済中ハ禁酒と定めし事も不成就、いつしか心の駒之手綱もゆるミて実ニ我身なからも浅間敷、慎ミ替んと思ふ時斗り誠之心に似たれとも、日を経て程過行は、いつしか慎ミもたゆミて誠に偽に成社悲しけれ、今よりハ酒を神ニ捧て、美淋焼酎を呑て酒ハ忌むと思ひて、三ケ年之中神ニ捧とて唯見慎ミを貫かむ為也、

禁酒が守れない自分が「我身なからも浅間敷」という考え方が、このあたりから姿を現します。そこで酒は止めてみりん焼酎にしよう、同じことだと思うのですが、酒は神さまに捧げてみりんで我慢しよう、そういうことなんですね。

次の文は三十七歳のときのものです。藩の役目で名古屋へ出てまいりました。ついでに有名な甚目寺の観音さまに参詣をいたしまして、清洲まで帰ってきたのですが、そこで雨に降られて宿に泊まります。

もとより酒ハ禁酒故、美淋を取て肴をも喰てふしけるか、酒肉ニあてられて吐下痢甚夕し、連の者も一際心を痛め呉けれとも、（中略）其内我家より駕籠持て迎ニ来り呉候付、駕籠ニ乗家ニ帰り来るに、われ酒を忌て美淋焼酎を好、実ハ不酔ために慎ミしか、酔て斯難渋作程呑てハ更ニ禁酒の甲斐ハなきなり、（中略）いつとても心のゆるミ勝ニ

なりて、終ニハ我身のおき所もなくなるまでに陥らん哉も、我身なからもあきれ果、此上何程欤欲心を改めむとすれと、魂の実正なきゆへいつしか偽に替り行て、歎ケハ敷身なり迚、歎ニもあまりある事なりとて

ゆく末ハかになりぬると我なから　我身の程をうらみ果つゝ

又斯くも読り

身の果如何にならぬと我身ながら　我心をそ思ひ遣るゝ

みりんで一杯飲んだのです。ところが肴に当たってひどい目にあいます。家から駕籠で迎えにきてもらうという体たらくになります。みりんに変えてみてもダメなんです。我が身ながらあきれ果てて、我が身の「ゆく末ハいかになりぬ」「身の果如何にならぬ」という歌のように、行く末は何処に行くのだろう、地獄に落ちるに違いない、そういうふうになってきました。

このように、禁酒ということを一生懸命にやる稲城の生き方というものは、村長として人から尊敬される人間になるために、あらゆることに勤倹努力をするというものです。先ほど名前を出しました安丸良夫先生が、日本の社会が近代化していくときに大きな力があったのは、多くの人たちが幕末において一生懸命自分の身を律して、正直に勤勉に働いた、そういう生き方をしていたそのエネルギーが日本の近代を生み出した、通俗道徳の実践、

そういう人間像を安丸良夫さんは描き出しました。通俗道徳を一生懸命実践して、身心共に清く正しく生きようという、そういう生き方を稲城は実践していきます。その典型が、禁酒という問題だったわけです。

ところがその通俗道徳の実践、お酒を慎むということがどうしてもできない。つまり、通俗道徳の実践に挫折した人間がいるわけです。安丸さんの描き出しました民衆像というのは、通俗道徳の実践に成功して立身出世していった、出世まではいかなくても修身斉家、身を修め家を調えることで、つつがなく人生を過ごしていった、そういう人間をたくさん描き出します。ところが、それに失敗した、挫折した、そういう弱い人間はどうなるかという問題が残されています。それが真宗地帯以外ですと、国学などを実践した人はどうなるかといいますと、たいてい新宗教のほうに走ってしまいます。国学でも平田篤胤の国学は、復古神道という宗教の一派に変わっていきます。いかにして地獄から救われるかという、そういう問題のほうにいってしまい、そのことによって挫折した人々の救いを求めることに対応します。しかるに真宗地帯では、そういう平田国学というものを待つまでもなく、挫折したときに姿を顕すのが真宗、ということになります。「我身ながらもあきれ果てた、どうにもならない自分自身に気がついたときに、最初は地獄しかないなあと、こう考えて、それでは地獄から救われる道はないものか、そういう方向に稲城は次第に向かっていきます。

次は三十八歳の慶応三年、正月の二日に思いを新たにして、いろんなことについて自問自答したものです。

問曰、至極妙なる定、併我身ハ悪敷物とのミ定めて、人に情も不懸して世渡りの詮なし、是ハ如何

つまり、自分は身を律することができないあさましい人間なんだと、そう思ってしまえば、人にも情けをかけるというようなことができなくなるではないか、それでは世間を渡っていく所詮がない、だからそのような我が身は悪しき者という考えではだめではないか、そういう考えが稲城の中に起こってくるわけです。ここに、村長として人に情けをかけるという稲城の立場がよくうかがわれます。それに対する答え方が大変面白い。

答、我身悪敷とのミ思ひ詰て、片時寸悔も油断なき時ハ、其中に慈悲も情も籠り有物也、おのれハ正直ニして人ニ慈悲も懸ると思ふ心社、誠ニ我身を亡剣也と恐るべし、

我が身悪しき者と思い定めるとき、そこから実は本当の情け、慈悲というものが出てくるんだ、反対に、私は正直な立派な人間なんだという立場で人に慈悲をかける、それこそ恐るべき自分を滅ぼしていく剣だ、こういう考え方に彼は到達しておるわけです。通俗道徳を実践して我が身を正しく保っていく、そういうことはとてもできない、そのような我を

正直者と思うということこそ思い上がりなんだ、そのことが自分を滅ぼすものなんだ、そういう考え方は非常に真宗的なんですね。真宗地帯であるからこういう考え方が生まれてきた。このあたりから、「ゆく末ハ如何ならん」ということを梃子にいたしまして、次第に真宗的な考えのほうに実践を変えていくわけです。

四　お札降りとの遭遇

そうしたときに、彼はお札降りということに遭遇します。慶応三年の十月に出合ったのですが、お札降りというのは、伊勢神宮であるとか、秋葉権現であるとか、いろいろな神さまのお札が空から降ってきた。それを拾った人たちが、まことに目出度いことだというので、「ええじゃないか」「ええじゃないか」と言って踊り狂った。そういうことがあった。手許にある史料では、男は女装、女は男装をして、互いに押し合いへし合い、ええじゃないか、ええじゃないかと熱中して騒ぎ回る、至るところにお札が降ってくる、そこへ隣近所の人が集まって酒を飲んで騒ぐ、こういうふうな状況が起こっております。お札が降らない家は神さまから見放された、ということで排除される。現在考えられているのは三河の豊橋あたりから始まりまして、東海道をだんだん西へ登りまして名古屋から近江へ、そして京都でも随分熱狂的な「ええじゃないか」が起こっている。さらには大坂、兵庫あたりまで広がります。それに伴いまして、伊勢神宮への抜け参り、すなわち、主人に無断で奉公人が伊勢参りをすることが大規模に発生しました。道すがらの家々は、そのような抜け参りの人たちに対して、ご馳走をしたり泊めてやったり酒を飲ましたり、歓待せねばならない。しないと押しかけて、「ええじゃないか、ええじゃないか」「これ、くれてもええじゃないか」と言って打ちこわしをします。そういう大狂乱が、慶応三年の夏頃から起こっています。それが名古屋を越え、浮野村までやってきたわけです。

そのお札を原稲城も拾うことになります。その概要を申し上げます。「心に掟置言葉」で稲城は、そういうことは「倭人之仕業」である、何か策略を持った悪いやつがお札を降らしている、でっち上げだと、一旦はこう考えるわけです。ところが名古屋からの帰りに秋葉権現のお札を拾いますと、どうもそれではすまなくなってまいりまして、自分の家の仏壇に置いて念仏勤行をします。さらには人々の信仰が一方ならぬのを見て、自分の家にも降ってほしい、人並みにお祭りをしてほしいと思うわけです。お札が降らない家は祟りがある、何か悪いことが起きるんじゃないか。お札降りは、倒幕派の陰謀説がありまして、薩摩とかの浪士が何か仕掛けを作ってお札を降らせたらしいと言われていますが、しかし大部分は、民衆が自分でお札を拾ったことにしたことが真相のようです。つまりお札が降らない家は、何か悪いことが起こりそうな気がするものですから、自分の家にあった古いお札を持ち出して、そら、お札が降った、お札が降ったと騒いだのです。そういうことですから、稲城も自分の家にお札が降ってほしいと思うのですが降ってもらえない。肩身の狭い思いをしておりましたところが、夢を見ます。その夢は、

神仏一体也、和光同塵ハ結縁之初、八相成道ハ利物之終成

というものでした。つまり神仏一体である、お前の家にはちゃんと阿弥陀さまがござるんだから、わざわざ神さんのお札が降る必要はないという、そういうお告げがあったのです。

扨ハ常々善知識之教への如く成事に而、取別而神明祭るニあらず

稲城はこのように書いています。特別に神さまのお札を祀る必要はないんだと、気がついたわけです。こういうことは、真宗地帯以外ではありえないことでしょう。

それでもまだ稲城は落ち着きません。そうしたところ、もう一度夢を見ます。それは、自分の弟がお札を拾ってきた夢です。やれやれと思ったところが、そのお札が紛失してしまった。探しておりましたところ、

わか母の其御仏是ニ有とて念仏唱けるに、口より則仏発然と顕れ玉ふ、最疑敷尋ニ、答テ此御仏社我末期ニ来迎而、浄土に導きし玉ふ也、則奉唱念仏之積り〳〵て其御仏の蒙加護、浄土ニ趣へしと告

お母さんが念仏いたしましたところ、お母さんの口から仏さまが忽然と現れた、という夢を見た。その仏こそ我を浄土に導く仏であると、稲城は考えるようになりました。以下、稲城は、この仏の導きによって自分は浄土に行けるのだと確信し、そのような文章を綴ることになります。ということは、自分の求めていた仏、阿弥陀さまは、空から降ってくる神さまのようなものではなくて、心の中に仏がおられたのだ、そのことに気がついたわけです。やがて、そのことを喜ぶ報謝の念仏こそ一番大事なんだというように、だんだん変わっていきます。

五　稲城の明治維新

簡単にまとめますと、原稲城という、通俗道徳を一生懸命実践して、酒を飲むのを何とか制御しようとしていた人間が、失敗して悩んでいるときに、ええじゃないかという、これが稲城にとっての幕末だったのですね、幕末という時勢に出合っています。このときに倒幕運動に加わるとか、そういう動きをするのではなくて、ええじゃないかのお札降りということが、自分の心の中に仏さまがおられるのだという促しである、こう気がついた。こういう動きとして幕末という時勢が、稲城の中には働いたのです。

そういう稲城にとって、明治維新はどういうものであったのか。その史料を次に挙げておきました。これは『浮野村記録』という稲城が書いた書物です。

大政返上、将軍職御辞退

徳川将軍御政道是迄也

これだけしか書いていません。「心に掟置言葉」という記録には、明治維新の騒乱ということは一切書かれていません。心の記録ですから当然といえば当然ですが、彼の心に明治維新というものは、何ら影響を与えていないわけです。少なくとも稲城自身はそう考えたのです。徳川幕府が滅びて、京都の朝廷が政権を取った、そんなことはどうでもいいことなのです。「将軍職御辞退」「御政道是迄也」、きわめてさめた意識です。それから稲城自身が明治二年に書いた「原稲城年譜」には、

殿様初地頭百姓之因縁是迄也

ともあります。殿様と侍たちと百姓という支配関係の因縁は、これで尽きてしまった。支配関係は、徳川三百年続いたといっても一つの因縁でしかないという意識は、大変重要な意識だと思います。この因縁が尽きたあとは、ただひたすら自分に与えられた仕事である百姓をするだけであって、殿様がいなくなろうとそんなことはどうでもいいのだ、そんなさめた目で世の中を見ています。このことを現代のわれわれからどのように評価したらよ

いのでしょうか。全く政治に無関心な政治音痴の真宗門徒という、そういう言い方もできます。あるいは、政治や世の中の動きがどうであれ、そのことには一切関わらずに、ひたすら自分に課せられた百姓という仕事、あるいは村を、正しく守っていくことに専念した、そういう生き方、そういうものを現代の社会からみて評価していくことができるんじゃないかと、そんなことを私は思っているわけです。そういう真宗門徒が、真宗というものに目覚めていく。その真宗は、現代考えられておりますような、非常に深い、すばらしい人間像、あるいは深い哲学を持った、そういう真宗の教えではないであろうと思います。きわめて通俗的な真宗信仰であるかもしれません。しかしながら、住み着いた真宗が何か事があるときに、そこに住んでいた人間の心の中から、その人を支えるようなものとしてよみがえる、それを媒介にして真宗というものを突き詰めていくということができれば、そこからもっと深い真宗信仰へ到達していくことができるのじゃないのか、ということを原稲城の生涯に思います。

やがて原稲城は村会議員とか、本願寺の相続講員とか、また村で習字の師匠として、多くの青年たちから寺小屋の先生的な慕われ方をいたします。現在、稲城の屋敷の跡には、手習いの門下生によって石碑が一つ建てられています。そこに、

予ねてより　我をむかひの　火の車　めくりもあはて　参る極楽

と彫ってあります。

村人に慕われて、村人の指導者になっていった、そんな稲城の生き方、そのように稲城をさせていったのが、住み着いた真宗というもののなせる業である、こんなことを考えまして、その真宗的な世界によって生み出されたもの、それによって日本の近代を生きていった人間、挫折しながらも真宗に支えられて生きていった人間、そういうものの典型を見ることができます。今までは、通俗道徳の実践のような、成功した人間によって日本近代が作られたとされてきました。しかし、成功した人たちの近代ではなく、挫折しながら真宗の中で生きてきた人たち、そういう人が支えてきた近代、そこには非常に大きなものがあるだろうし、そういうものを日本の近代のもう一つの姿として見ていくならば、そういう近代が指し示すこれから以降の世界の中に、何か別の意味合いを持ってよみがえってくるのではないか、成功者の近代から挫折した人の真宗による近代へ、そういう視点転換ができるのではないか、そういう意味で、原稲城という人を紹介させていただきました。

民衆思想史の真宗――『蓮如上人遺徳記』と応化の観念

はじめに

御命日講話の順番がまわってまいりました。「民衆思想史の真宗」というテーマを揚げましたが、どういう内容の話を申しあげるべきか随分と迷いました。そのあげく、三年前の安居での『蓮如上人遺徳記』の読解ということが、安居あるいは地方の秋安居とかいうような場では申し上げる機会がありましたが、大谷大学の中でお話する機会がなかったということに気がつきまして、それで中身は『蓮如上人遺徳記』研究（「参考文献一覧」著書③）のさわりの部分だけを申し上げればいいかなと、このように考え至ったわけです。同じ話を何度もするというのが大変嫌いですので、安居とは異なる文脈の内で、思いを新たにしてお話してみたいと思っております。

一　民衆思想史ということ

「民衆思想史の真宗」ということですが、なぜ民衆思想史「の」なのかにこだわっております。普通ならば「民衆思想史における真宗」とか、あるいは「民衆思想史の中の真宗」とか、こんな言い方をするのだろうと思いますけれども、そう言ってしまいますと、真宗だけでなく「民衆思想史」というものも研究対象になってしまいます。私が考えておりますす「民衆思想史」という言葉は、これは自分の研究対象を表すと同時に、自分の研究の視点であり、立場であり、方法である、このように考えております。元一橋大学の安丸良夫さんが、『〈方法〉としての思想史』（校倉書房、一九九六）という書物を書いておられます。そういう言葉が私の頭に残っておりまして、私の民衆思想史というのは、対象であるだけではなくて、自分の学問の方法である、このように考えているわけです。

そこで、それでは一体「民衆思想史」とは何なのか、一つは「民衆」という言葉が問題だろうかと思います。「民衆」という言葉に近い言葉として、たとえば「庶民」という言葉があるわけです。ところが「庶民」という言葉を使って「庶民思想史」というと、それは言葉にならないわけです。「庶民」という捉え方では、「庶民」は思想を持たないもの、あるいは「庶民の思想」というのは捉えられないもの、こういうイメージがありまして、「庶民思想史」ということが言葉として成り立ちません。ですから、本学の史学科でもそういう研究をしている方は、たとえば「庶民精神史」とか、こういう言い方をいたします。「庶民」では思想に結び着かない。また、「庶民」という言葉が持っている意味合い、これは上のほうから下のほうを見て、名もなき庶民たち、名もなき人々、こういう上から下を見下ろすような、いわば民草というふうな、そういうニュアンスで「庶民」という言葉が使われるわけです。ですからそこには、思想というものが本来あるはずがない。そういう意味で、私は「庶民」という言葉は使いたくない言葉なんです。

それでは一体、「民衆」とは何か。名もなき人々という点においては同じであろうと思います。しかしながらそれは、一人の人間としての主体的な生き方というものを選び取っている、そういう人々として「民衆」という言葉を私は使うわけです。随分昔から私は「民衆」という言葉をそういうニュアンスで使ってまいりましたが、そのときに出てまいります一つの問題性は、主体性という言葉、これが直にたとえば独立者、あるいは自立者、個別者、そういう非常に近代的な「個」という概念に結び着いた言葉になってまいります。そうすると「民衆」の中に、名もなき人々の中に、何か独立して、個として生きていく、そういう人間を発見するということになりかねないわけです。どうもそれは、「民衆」というイメージから離れていってしまいます。いわば知識人という範疇に入ってしまうことになる。ですから、「民衆」というものを主体性において捉えると、そういう意味では矛盾的な概念になってしまうわけです。そこでそのような「民衆」概念を掲げていきますときに私が思いますのは、「民衆」というのは何よりも人と人との結び着きの間で主体として生きていく人間、人間と人間との関係の結び目としての個人、こういう捉え方をしていけば、それは近代的な自立者、そういうものとは違う存在として捉えられるであろう、このように考えております。そしてそう捉えることによって、私がその一人である、そういうものとして「民衆」というものを捉えていくことができるだろうと思います。そういう意味では、仏教的な、いわゆる縁起的な存在、縁起的な主体、こういうようなものとして「民衆」を捉えていくことができるのではないか。

あるいはまた、よく似た概念として「群集」という言葉があります。あるいは「大衆」という言葉もあります。この頃、本学でも清沢満之の研究で有名になりました今村仁司さんには、『群集―モンスターの誕生』（ちくま新書、一九九六）という著名な書物があります。その中で、「群集」とは何か、「精神なき感情へ融解していくこと、つまり迎合し、流されていく、精神なき感情へ融合していく」、こういう人間のあり方を「群集」と言うんだといわれております。そういう「群集」ではなく、人と人との関係の結び目として、一見「群集」あるいは「大衆」という形に似た姿をとりながら、その中で、一人の人間としての主体性を見出していこうとする、そういう人たちを「民衆」と呼ぶべきではないか、あるいはそういうように「民衆」というものを捉えるべきではないか、こう思っているわけです。そういうような「民衆」概念に立って、その「民衆」のものの考え方、生き方、そういう「民衆」の一つのあり方から、真宗というものがどう捉えられていくのか。私は専門が歴史でございますから、そういうことを日本史の中で考えていきたいと、こう思っているわけです。

二　宗教としての真宗

そこで、そういうような意味で「民衆思想史の真宗」というものを見たときに、一体何が新たに見えてくるのか。あるいは何を見なくてはならないのか。端的に言いまして、そこに見えてくるもの、見なくてはならないものは、宗教としての真宗ということであろう、こう思っております。そう思っておりましたら、本日お顔が見えますが、木越康先生が、たまたま『南御堂』の九月号だと思いますが、その中で東京大学に留学のときの経験を書いておられます。仲間に『歎異抄』の話をしたところが、それは哲学であって、宗教ではない、という批判を受けたという話が載っておりました。『歎異抄』という書物を哲学として語るのは容易でしょうが、宗教として語るのは大変に難しいのではないか、そのような批判が出るのはありうることだ、と思いました。いかにして真宗という宗教に宗教性を見出すか、宗教としての真宗をいかにして回復するか、これが大きな問題ではないかということを思いました。

それからある会合で、真宗学の先生がこうおっしゃいました。「確かに今問題なのは、浄土真宗と名乗りながら浄土を失っていることだ」と、こう言われました。それ以上深い話はそこでは出ませんでしたけれども、なるほどそうかと。浄土を失ったということは、これは宗教性というものを失っている、こういうことではないか。だから浄土としての真宗、あるいは宗教としての真宗、ということは、救済ということであろう、とこう思うわけです。ですから現代真宗といいますか、真宗の世界において、真宗の世界といってもいろいろな世界が重層的にあるわけですが、とくに教学という世界におきましての真宗、そこには世界に冠たる偉大な思想家、親鸞が存在いたします。しかしながら、宗教者親鸞、端的に言えば、ご開山聖人と呼ばれるような方が存在するのだろうか、このように私はいささか疑問を持っております。人々が求める親鸞は、決して思想家親鸞ではありません。ご開山聖人親鸞を求めているのです。

これはどうでもいい話かもしれませんが、寺の住職をしながら大学に勤めておりますときに、大学の教員として少しは世間に名でも出れば、門徒の人たちは、たとえばお葬式に参らなくても勘弁してもらえるかと、こう思ったわけですが、どうもそうではない。住職が如何に立派な学者であろうが、そんなことは関係ない。我が家のお葬式に参ってくれる住職がありがたいんだ。これはいいか悪いかは別でございますけれども。同じようなことを私は若い頃に見聞しました。同志社大学におられました竹田聴洲という、これは浄土宗の僧侶で、同志社におりながら浄土宗の僧侶をやっておって、「獅子身中の虫じゃ」と自分で言われていた先生ですけれども、その世界では大変有名な学者です。その先生が、何か表彰を受けられましたときに、仲間の学者たち、それから檀家の方々が集まって祝賀会がありました。そのとき、門徒総代の方が「うちの和尚さん（おっさん）、なんぼ偉いかもしれんが、わしらにとってはどうでもええこっちゃ。葬式にちゃんと参ってくれる住職がええ住職や」と、お祝いの席らしからぬ言葉を言われたことがあります。そのとき、私はまだ三十代ぐらいだったと思うのですが、愕然とした思いがあるわけです。

それはともかくといたしまして、そのようにして私の思いの中では、どうも大谷大学には、という言い方は非常に批判的になるかもしれませんが、大思想家親鸞はおられるけれども、ご開山聖人がおられないのではないか、こういう思いを強くしているわけです。「ご開山さま」というように門徒の人々が呼ぶときに、この私のような者がお浄土にお参りさせていただけるのは、ひとえにご開山聖人のご苦労による、ご開山聖人が弥陀如来の本願をわれわれに説いてくださったからだ。このようにして、ご開山という名前が出てくるのだろうと思います。つまり弥陀の本願と浄土と、そして私をつなぐもの、そこにご開山親鸞聖人がおられる、こういう受け止め方が、門徒の方々の受け止め方であろうと思います。

そのときに、ご開山聖人がこの世に出られたのはひとえに私のためである、「この世に出られた」、こういう言い方をするわけです。すると「この世に出られた」ということは、一体どこから、どなたが親鸞聖人として生まれられたのか、そういうニュアンスが言葉としてはないといたしましても、背後に秘められているように私は思うわけです。それは端的に言えば、ご開山聖人は、浄土におられた仏が、この娑婆に生まれ代わってこられたのである、娑婆に生まれられた仏であると。これが「ご開山さま」という言葉にこめられているニュアンスであろうと、私はそう考えます。

そう思って見てまいりますと、親鸞聖人が、というよりもやはりご開山聖人が、法然上人を善知識として仰がれたその仰がれ方、それがまさしくそういう仰がれ方ではなかったかと思うわけです。それは、「源空和讃」というものをご覧いただければ、一目瞭然であろうと思います。いちいち申し上げるのはわずらわしいかもしれませんが、

本師源空世にいでて　弘願の一乗ひろめつつ　日本一州ことごとく　浄土の機縁あらわれぬ

これが源空和讃の第一首目でございます（『真宗聖典』、以下同）。「本師源空世にいでて」と、法然上人は出世された。どこから出世されたか。二首目に、

智慧光のちからより　本師源空あらわれて　浄土真宗をひらきつつ　選択本願のべたまう

と。弥陀の智慧の光の中から法然上人は出世されたと。少しとばしまして、第八首目では、本師源空の本地をば　世俗のひとびとあいつたえ　綽和尚と称せしめ　あるいは善導としめしけり

法然上人は道綽禅師あるいは善導大師が本地である、そこから生まれ代わってこられたのだと。あるいは次の第九首目、

源空勢至と示現し　あるいは弥陀と顕現す

法然上人は勢至菩薩であると、あるいは弥陀如来であると。十四首目、あるいは十五首目。

往生みたびになりぬるに　このたびことにとげやすし

霊山会上にありしとき　声聞僧にまじわりて　頭陀を行じて化度せしむ

つまり法然上人は、お釈迦さまの在世に説法に出合ったのだ。そしてこの娑婆に出てくること三度に及んでいる。あるいは十六首目、十七首目。

粟散片州に誕生して　念仏宗をひろめしむ　衆生化度のためにとて　この土にたびたびきたらしむ

阿弥陀如来化してこそ　本師源空としめしけれ

こういう親鸞の法然上人讃仰というものは、これはどう考えても法然上人を弥陀如来の化現、阿弥陀如来がこの娑婆に人間として生まれてこられた方である、こう讃えておられているのだと、私は受け取ります。このようにして、親鸞を弥陀の本願、浄土にいざなった、その善知識としての法然上人、これは仏の生まれ代わりであると、こういうような受け止め方ができるのであろうと思います。

そのようなことが、現代の真宗学で一体どのように言われるのか、知りたかったのですが、とても私の力では詳しくは見ておることができませんでした。ただそこでは、そういう如来の応化としての法然上人という捉え方は、きわめて稀であろうと、こう思います。そして、親鸞と法然というところで語られることは「よき人法然」、この言葉でほとんどが語り尽くされております。そしてそのときに引かれてまいります和讃は、

本師源空いまさずは　このたびむなしくすぎなまし

という源空和讃の第四首目の和讃が引かれるわけです。そして法然上人を「よき人」と、こう捉えておられます。

それでお名前をあげるのは失礼かもしれませんが、寺川俊昭先生の書物を拝見いたしました。たくさんございますが、一つは二十年前に出ました、有斐閣新書の『親鸞の心』という書物でございます。この書物の中には、今申しました、「本師源空いまさずは このたびむなしくすぎなまし」という和讃が引かれまして、そして「親鸞にとって法然はただ人とは思われなかったに違いない。そうではなくて、同じような人生に苦しんだ親鸞にとっては、自分のためにこの世に来てくれた応化の仏である」と、このように寺川先生は捉えられます。「なにも神秘的なことをいっているのではない。阿弥陀如来の働きの中から、われらのためにこの世にあらわれてくれた人、法然。応化の仏。これが親鸞の実感であり、仏教が〝応化身〟という言葉で、人間の願いに応えて、〝人間の姿をとって世に現れた仏〟という、一番具体的な仏のあり方を表しているのがその応化の仏という言葉である」、こうおっしゃっておられます。この二十年前の寺川先生の書物では、明らかに親鸞聖人は法然上人を「応化の仏」と仰いだと、このような表現があるわけです。しかしながらこれはどうも二十年前のお考えであって、現在は違っているのではないか、ということを思います。そのことはまた、後ほど申し上げようかと思います。

三　『蓮如上人遺徳記』（一）――生母再興委嘱説と観音化身説

そのような「応化の仏」としての親鸞聖人、あるいは法然上人。こういう捉え方で蓮如上人を捉えたのが『蓮如上人遺徳記』という書物である、私はそのように考えます。奥書に十六世紀の年号がありますが、それが成立年次を示すとはとうてい考えられません。考証的なことは全て省略しますが、この書が刊行されました延宝七年（一六七九）頃に書かれた書、つまり江戸の初期の蓮如上人伝と考えています。この『蓮如上人遺徳記』という書物の冒頭は、三つの徳を掲げて始まります。一つには「真宗再興の徳」、二つには「在世の不思議」、三つには「滅後の利益なり」と、この三つの徳というのは、これは明らかに「報恩講式」の親鸞聖人の三つの徳にならっている言葉でございます。それはおきまして、つまり蓮如上人は真宗を再興し、不思議をあらわして、没後までも人々に利益を与えられたお方である、後々まで不思議をあらわして人々を救い続けた。このような蓮如上人は、人ではありませんで、これは仏であると、こう説くのが『蓮如上人遺徳記』という書物でございます。

そして、その真宗再興、蓮如上人による真宗再興というのはどのようにしてなされたのか。それはひとえに、生母からの真宗再興の委嘱によるのだと言うのです。この頃、大変有名になりました。お母さんが六歳の蓮如上人に対して語られたのは、

願はくば、稚児の御一代に、聖人の御一流を再興したまへ

と、このように、あなたの一代のうちに真宗を、聖人の御一流を再興してくれという願いを残して、お母さんは本願寺を去ったと、こう書かれているわけです。この言葉が事実であったかどうか確かめるすべは現在はございませんが、それはともかくといたしまして、先般の蓮如上人五百回忌におきましては、五木寛之さんがこの言葉を大いに喧伝したわけです。ご存知のように五木寛之さんの蓮如上人に関します書物は三つございます。一つは岩波新書の『蓮如―聖俗具有の人間像』（一九九四）。この中にはこの話は出てまいりません。二番目に書かれました芝居の脚本、戯曲の『われ深き淵より』（中央公論社、一九九五）という書物、それからもう一冊は、少年向けのような形をとりました『蓮如物語』（角川文庫、一九九七）。とくにあとの二冊の中において、この生母一流再興委嘱という考え方が全面的に登場してまいりました。紹介しておきますと、戯曲のほうでは、お母さんが蓮如上人に、

わたしを思い出すときには、おねんぶつをとなえなされ。ただ、しんらんさまについていくのじゃ。そして、おねんぶつをひろめなされ。

こういうふうに一流再興委嘱の言葉を表現しておられます。そして、そのお母さんの言葉が、寂しい人生を生きている蓮如上人に生きる力を与えていた。蓮如上人の言葉として、

人々は皆、母を失った幼子のようにさびしさを抱いて生きておるのじゃ。おのれの罪業の深さと煩悩の激しさを、つよく悩む力さえ失ってなー。本当に深く悩むためには、つよい力がいるのだ。今のわれらには、その力さえなく、冬の枯野のようなさびしさを抱いて、うつろに生きている。……そんなわしにできることは、母上の声を、あのときの言葉を思い出すことだけだ。母上は言われた。「ただ、しんらんさまについていくのじゃ」と。

こういうような言葉を蓮如上人に言わせているわけです。この中の「冬の枯野のようなさびしさを抱いて、うつろに生きている」、この言葉が、私なんかにも随分響いてまいります。現代の人たちが抱えている一番の問題は本当にこの、「冬の枯野のようなさびしさを抱いて、うつろに生きている」、死なないから生きているという、そういう人生というのが一番いま問題であろうと思います。そういう人たちに、この五木寛之さんの言葉は随分大きな衝撃を与えていたのではないかと思います。また、省略させていただきますけれども、『蓮如物語』の中でも、同じような言葉が連発されています。

そしてこの『蓮如上人遺徳記』は、蓮如上人のお母さんは、実は六角堂観音の化身であ

ったということを説いてくるわけです。五木寛之さんの蓮如の中には、お母さんが観音さまであったということは書かれておりません。こういうことを書けば、現代人は、まことに神秘な、奇異な物語としてこれを忌避していくに違いない、こういう思いがおそらく五木さんの中にあったんじゃないかという気がいたします。だからお母さんが観音の化身であるという説は消されてしまった、と思っていたのですが、詳細に読んでみますと、そうではないわけです。『蓮如物語』の中に、戯曲の中にも出てまいりましたが、「やしょめ」という歌が京のわらべ歌として何回も出てまいります。その「やしょめ」とは、やさしい女、心のやさしい女性のことであるとされます。そして、私は、私はというのは蓮如ですが、この「やしょめ」を観音さまのことだと考えております。母さん＝やしょめ＝観音、こういう図式では書かれておりませんが、しかし、蓮如がお母さんを思い出すきっかけになる「やしょめ」の歌、それは観音さまの化身なんだと、こういうことで観音化身説というものが、ひそかにすべり込まされているわけです。ですから、この物語を読む人たちは、蓮如上人が慕うお母さん、これと「やしょめ」とが重なり合って、蓮如上人のお母さんは観音であるという、こういう考え方をいつの間にか受け入れてしまう、こういう仕組みになっているのだろうと思います。こういうようにして、『蓮如上人遺徳記』の中で説かれました、蓮如上人のお母さんの「一流再興委嘱」と「観音化身説」というものが、これが先般の五百回忌の蓮如像を、非常に大きく左右していました。最も大きな影響を与えたのが、やはり五木蓮如ではなかったか、まあ、私はそういうように思っておるわけです。

そこで、一体『遺徳記』の中のお母さんはどのように描かれるか、あまり詳しい話をしている時間もなくなってまいりましたが、六角堂観音の化身であると、こういうことが書かれていると申しました。それがなぜ問題かと申しますと、この『蓮如上人遺徳記』に先行している史料であると考えられる、蓮如上人のお子さんの実悟さんの書いたものによりますと、ほとんどが実は生母石山観音の化身説なのです。その石山観音の化身が『蓮如上人遺徳記』の中では、六角堂の観音の化身に変更されております。なぜ六角堂の観音に変える必要があったのか、これはもう言うまでもないでしょう。六角堂観音といえば、真宗の世界で頭の中に浮かんできますことは、六角告命と言われる親鸞への夢告であり、そして六角堂観音が女性に変身して、親鸞の奥さんになったという話です。現在では恵信尼という名前で呼ばれますけれども、当時の人々から言えば、玉日姫と言われた親鸞聖人の奥さん、これが六角堂観音である。こういうイメージを門徒の人は持っているわけです。したがって、蓮如上人のお母さんが六角堂観音なら、親鸞聖人の奥さんであることになります。したがってそこから、蓮如上人は親鸞聖人の再誕であると、こういう図式が導き出されてくることになるわけです。

四　『蓮如上人遺徳記』（二）——隠れるメタファー

それでは、親鸞聖人とはどういうお方か。つまり蓮如上人のお父さんであることになります親鸞聖人とは何者か。これは『御伝鈔』の中に出てまいりますように、善光寺如来の生まれ代わりであります。そうすると、蓮如上人は、善光寺如来と六角堂の観音の間に生まれた人なのです。実は仏であります。こういうイメージで『蓮如上人遺徳記』というものは語られていくことになるわけです。如来と観音が蓮如上人という人間の姿をとって、この娑婆に現れて、そして真宗を再興されたのだ。だから、真宗再興ということは、人間の業ではなく仏の仕業である。こういうことを説いていくのが、『蓮如上人遺徳記』という書物のモチーフになるわけです。

それでは『蓮如上人遺徳記』というものの中で、真宗の再興というものがどのように成し遂げられたと説かれているか。こう考えていきますときに、非常に重要なモチーフは、私の言葉で言いますと、「隠れる蓮如」という姿です。どういうことか、若干の事例を申し上げておきます。お母さんの再興委嘱を受け、真宗の教えを勉強しておりました蓮如上人は、シカレバツネニ人ニオソレ世ヲ憚リ玉ヘリ。聖典ヲ拝スルニモ、竊ニ人看ヲ忍ビ。是ヲ閲シ玉フニモ。或ハ隔壁ノ灯ノスキマヨリ漏光ヲ得。……論釈ヲモ夜ナラデハ見玉フ事ナシ。

というように、蓮如上人は隠れて夜ひそかに勉強されたのだというわけです。従来の説は、蓮如上人の当時の本願寺は大変貧乏であった。灯油を買うこともできなかった。だから月の光で書物を読まれたと言われていました。ところが『遺徳記』の蓮如上人はそうではなくて、人をはばかり、人に知られることを恐れ、夜になって勉強されたと、こう説かれるわけです。なぜそうなのか、まことに不思議な感じがいたします。その理由としてあげられておりますのは、

其コロハ。イマダ一流ノ義シカジカトシル人オホカラザル間ダ

というように、人々が知らないことを勉強しているから隠したのだと、こういう理由づけがなされております。どうも理由にならない理由です。それからさらに隠れる蓮如上人は、本願寺が比叡山に破却される、大谷破却ということも、「世ヲ憚リ是ヲ密ストイヘドモ」と、真宗という教えを隠しておられたが、それで比叡山は破却という行為に出たのだ。また大谷を破却された蓮如上人は、大津に移ります。そして、それも、

コノ処ヘ忍ビタマヒテ、虚シク草扉ヲ閉ジテ光陰ヲ送リ玉フ

と大津に隠れ住んだ。それから、そこを出て吉崎へ行かれたときも、これも御文の言葉で有名な言葉ですけれども、「大津ノ小坊ヲシノビ出テ」、ひそかにしのび出でてとなっています。そして今度は吉崎から帰ってきて、出口に住まわれるときも、「幽栖シタマフ」、隠れ住まわれるということですね。このように蓮如上人は、自分が勉強する姿も、それから人々に布教する姿も、これを隠し続けた、このように説かれているわけです。

一体これはなぜなんだろうかと、こう考えていきましたときに私の頭に浮かんでまいりましたのは、中世神話というもののあり方でございます。あるいは、神話の中の「隠れる」ということが持っているメタファー、この問題であろう、と考えたわけです。典型的には、日本神話の中の、天照大神が天の岩屋に隠れてしまいます。そしてこの世は真っ暗闇になる。それを引き出すことによって、この世が再び開けていくという、この天の岩屋へ籠もるという、隠れるという、それを引き出すという神話、これが隠れるメタファーです。あるいは、ごく一般的に言えば、なぜ仏教の僧侶たちは岩窟へ籠もるのか。仏教に限りませんが、岩屋に籠もって修行をするのはなぜか。これは隠れる、籠もるという行為によって、聖なるものを体得していく、こういう行為であろうと思われます。さらに言うならば、「隠れる」は歴史上、いっぱいあらわれてまいります。百姓一揆が、なぜ蓑笠をつけるのか。これは雨具ではございません。蓑笠とは身を隠すものなんです。中世の御伽草子の中に、隠れ蓑、隠れ笠というものがいっぱい出てまいります。鬼がそこにあった笠をかぶって姿を隠してしまう。あるいは、鬼に見えないように一寸法師が笠をかぶって姿を消してしまう。笠・蓑、隠れることによって姿を消し、そしてそこから新しい聖なる力を獲得して出現してくる。こういう考え方が民衆信仰、民衆思想の中にずっと、延々と伝えられております。そういう「隠れる」というモチーフをもって、この『蓮如上人遺徳記』は描かれているのであろうと思います。

さらにそこで頭に浮かんでまいりますのは、山本ひろ子という研究者が岩波新書で『中世神話』というのを書いております。その中に出てきますことは、「悩める神々、それが人間として生まれて、苦しみ、愛し、受難し、そして神として転生していく物語」、これがいわゆる本地物といわれる物語で、ここに「隠れる」モチーフがいっぱい出てまいります。つまり、仏がこの娑婆に人間として姿を現し、そしてその本体を隠す。そのことによって、さまざまな苦難を受ける。その苦難を経て、そして仏として本体を現して、人々を救う仕事を成就していくのであると。こういう考え方が、中世神話の一連の物語の基調をなしております。そういう中世神話の構成を借りて、『蓮如上人遺徳記』は、仏が生まれ代わった蓮如上人が、仏である本体を隠し、そしてその中でさまざまな苦難を経て、真宗再興を成し遂げていくんだと、こういう物語として語られているわけです。こういうのを、代受苦という言い方をいたします。代受苦というと、何かキリストの受難のようで、私はあまり好きな言葉じゃありませんけれども、中世においてはそういう民衆に代わって、人々に代わって苦を受けていく、そしてそこから聖なる力を獲得していくのだという認識です。たとえば修験者というのが、典型的にそうであろうと考えられます。山岳修行をいたしまして、そこで不思議な力を得て、その力で人々を救っている。こういう宗教者が、中世の世界、そして近世の世界にもあふれるように存在しているわけです。ほとんどがこれが、生身の仏、生身の仏というように観念をされております。

真宗信仰というものも、そういった民衆神学、これは、岩手県立大学の誉田慶信という研究者ですが、民衆神学という言葉で呼んでおります（『中世奥羽の民衆と宗教』）。人々が、自分たちを救うために、神が、仏が、人間として生まれて苦難し、そしてそこからわれわれの救いを実現していくんだと、こういう考え方を民衆神学という言葉で呼んでいるわけです。そういう中世神話、民衆神話、民衆神学、そういう中に、実は真宗という教えも存在したわけです。その証を一つだけあげますと、早稲田大学の吉原浩人という研究者が、善光寺如来絵伝、これを研究いたしました（『真宗重宝聚英』三所収「総説 善光寺如来絵伝」）。かつての蓮如以前の真宗門徒は、四種類の絵伝を持っていたというのです。善光寺如来の絵伝、聖徳太子の絵伝、そして法然上人の絵伝、親鸞聖人の絵伝、この四種の絵伝が真宗に用いられました。ではなぜこの四種なのか。善光寺如来とは、これは三国伝来の仏であります。もともとインドで祀られた如来が、中国へ渡り、さらに朝鮮へ渡って、百済の聖明王が日本に仏教をもたらしたときに、この仏像が一緒に伝来いたしました。そして、それが難波の江へ捨てられていたのを本田善光という人が拾い上げて、そしてこの如来を背負って信濃国へ行って安置したのが善光寺如来である。つまり仏教がインドから中国・朝鮮・日本と伝わってきた道、これを示すのが善光寺如来である。そしてこの善光寺如来は、生身の仏、生身の仏であると観念されました。本田善光が信濃まで背負っていくときに、昼は善光が背負い、夜は如来が善光を背負って歩いたと伝えられております。

善光寺如来がそのようにして生身の仏として日本にやってきて、日本に仏教を伝えた。その仏教を受け止めたのが聖徳太子である。聖徳太子の御本体は観音さまである。そして日本で聖徳太子が明らかにされた仏教、これを興したのが勢至菩薩の生まれ代わりである法然上人である。その真髄を明らかにしたのが観音菩薩の生まれ代わりである、あるいは弥陀の生まれ変わりである親鸞聖人である。このように、弥陀、観音、勢至、そして弥陀へという、その円環構造があるんだ。この円環構造の中で、真宗でも四種類の絵伝が用いられたんだと、こういうことを吉原さんは言い出しました。まさしくそれは『蓮如上人遺徳記』の、蓮如上人にあてはまるであろうと思います。弥陀、観音の化身である親鸞、そしてお母さん、ここから生まれてきた蓮如上人は、これまた親鸞聖人の再誕、法然上人の化現と言われますから、弥陀、勢至、観音の化身であるわけです。

こういうように物語をしてまいりますと、まことにおどろおどろしい、とても現代では受け取ることができないような蓮如上人の像である、このように皆さん思われるかもしれません。そういう蓮如上人像は否定的にしかみられません。そこで、先ほど申しましたように、五木寛之さんの物語の中では「生母観音化身説」は姿を消しましたが、ひそやかにもぐり込まされております。そして人間としてのお母さん、まことにやさしい慈母、慈悲に満ちたお母さん、とても現代ではありえないような、と言ったら言い過ぎかもしれませんが、現代で求められている、失われてしまった、やさしいお母さん、こういう人間像に転換されていくわけです。それから応化の如来、応化の仏、蓮如という像も消されてしまいます。そして人間蓮如、愛欲と名利の中で泥まみれになった、そういう蓮如の姿が描かれてまいります。人間蓮如、この姿が大変もてはやされていくわけです。

五　応化観念の現代的問題

以上のような『蓮如上人遺徳記』の分析を踏まえまして、最後に私が申し上げたいことは、この安居で本講を勤められました寺川俊昭先生の応化に関する考え方が、先ほど申しました二十年前と随分変わってしまわれたのではないかと、このように思うことに関してです。寺川先生の講義を拝聴し、あるいはご本を読ませていただきますと、このように名指しで人の説をあげるのは避けておられます。ある方が、ある尊敬すべき先輩がと、こういうような言い方をされます。真宗学ではそういう言い方をすべきなのかなと思いますけれども、どうも歴史学の人間はがさつでございますので、そういうことはなかなかできません。かつて私がある雑誌の編集を担当しておりましたときに、Aという研究者が、「ある人がこういうように言っているが、それは間違いである」という文章を書いたことがあります。そのとき何とも思わずにその論文を雑誌に載せたわけですが、ところが、「ある人」と名前を伏せて批判をされた研究者Bは大変怒りまして、「こういうことを編集委員会はどう考えるかと、返答せよと、ちゃんと名前をあげて批判すべきである。名前を伏せてやるのは論難である」と、こういう批判を受けたことがあります。それ以来私は、「ある人が」という言い方を到底できません。それで、まことに大先輩に失礼かとは思いますけれども、寺川先生のお考えというものを私はなかなか納得できないわけで、お名前をあげて質問してみたいわけです。

先ほど題名をあげました『親鸞の心』という書物で言われております、法然上人に対する親鸞聖人のあり方、ならば納得できるわけですけれども、この頃おっしゃっていること（『顕浄土真実教文類聞記』東本願寺出版部、一九九五）がなかなか納得できないわけです。何が納得できないか、と申しますと、還相回向ということでございます。還相回向というのは、人間の側の問題ではないんだと言われることです。つまりわれわれ人間が、往相回向の恩徳によって往生を遂げることができる。その往生を遂げた人間が、浄土からこの娑婆に戻ってきて人々を救済する、これが普通の還相回向という考え方の一般的理解である。しかしながら、それは不適切であろうと、こうおっしゃいます。還相回向ということをそのように解釈するならば、それは来世のことになる。死んでからのことになる。「それは希望をいうにほかならない」。「希望以上のものではない」。われわれがそうありたいという願望でしかない、というように、われわれが往生した後に娑婆に帰ってくるという、こういう考え方はありえない。それを成しうるのは浄土の菩薩であり、如来の恩徳としてある。つまり、衆生が還相回向するのではなくて、衆生は還相回向の恩徳を受けるものであると、こうおっしゃるわけです。

そういたしますと、今申しましたような、蓮如上人は仏であるから、そこには還相という考え方は成り立つのかもしれませんが、しかし、それにいたしましても、人間として生まれた蓮如上人が、仏になられて、そして再び娑婆に戻ってわれわれを導いておられるのだと、こういう考え方は成り立たないと、こういうことになろうかと思います。それならば、この和讃はどう考えたらいいのか。実は私がこの和讃を好んで用いるのでございます。

安楽浄土にいたるひと　五濁悪世にかえりては　釈迦牟尼仏のごとくにて　利益衆生はきわもなし

と。この和讃はどうなるんだろうか。「安楽浄土にいたるひと」です。人間です。人間が浄土に至って、そして五濁悪世に帰ってきて人々を導くのだと、こう親鸞聖人の和讃の中にあるわけです。

ここで問題になってまいりますことは、死後とかあるいは死という問題、死後というよりも死の問題だと思います。そういう疑問を持っておりましたときに、たまたま東京の親鸞仏教センターの方から出ました『あんじゃり』第三号の中に、寺川先生が論文を書いておられます。「救いとしての死」という論文でございます。死は救いでありうるのかと、こういう問題を掲げられました。そして、「死が救いでありうるのは、われわれが釈迦の涅槃ということをもっているからだ」と。つまり「お釈迦さんの死というのは、単なる空しく死んでいかれたのではない。大いなる真理の世界へ入っていかれたのだ。こういう死をわれわれはもっているから。だからわれわれはそのことを知ることによって、大いなる慰めをうることができるであろう」と、このように寺川先生は書いておられます。しかし、私は、お釈迦さまの涅槃を知っているのか。人々はお釈迦さまの涅槃を知っているだろうか。知識としては知っております。しかし、それが本当に自分の死というものと結び着いているだろうか。こう思いましたときに、われわれが大いなる安楽、あるいは慰めを得るのは、身近なもの、親しいもの、そういう人たちの死ではないのか、そういう人たちが命を終わって、そしてお浄土に往生し、そして再びこの娑婆世界に戻って、我とともにあると、こう受け止めていくということが、これが大いなる慰めではないのだろうか。はるか彼方の、はるか昔のお釈迦さまには、到底われわれ手が届きません。毎日毎日のように出遇っていく身近な死、それこそが、住相回向の恩徳であると共に、直ちに還相回向の恩徳をうけると受け止めていく。そして命を終わられたその方を応化の如来、応化の仏、仏が娑婆に現れて、われわれを導いていかれたんだと、こう受け止めていくということが、これが実は重大な問題ではないのか。このように考えるわけです。

いろいろ口はばったいことを申しました。真宗学の素人の者が、果たしてそのように理解していいのかどうかもわからないままに、非難がましいことを申し上げたかもしれません。しかしながら、私が民衆思想史という、人々がどのように救いを求め、どのようにそこに仏を求めていったか、こういう視点から考えてまいりますと、「民衆思想史の真宗」というのは、そのような人々の求めた真宗であり、そこに真宗が宗教として生きている、こういうことになるのではないのか。だから、そのことが、応化とか還相とか、まことに神秘的であり、信じられないことには違いありません。しかしながら、科学的・合理的な判断からは到底信じられないようなことを、不思議と仰いでいくのが、これが宗教というものではなかろうか、このように考えます。そういうようにして、「民衆思想史の真宗」、民衆思想史というよりも、民衆信仰史と言ったほうがいいかもしれませんが、民衆信仰史の真宗というものを考えていったときに、そこから宗教としての真宗というものを目指していく方途が見当たるのではなかろうか。今申し上げた、不思議な、神秘的なことを語れと、こう申しているのではありません。そういうことを考えていく中から、真宗というものを宗教として再生させていく、そういう手がかりが得られてくるのではないか、このように考えていることを申し上げて、本日の講話を終わらせていただきます。

あとがき

折々に、様々な機縁によって講演を行なう機会を与えられ、講演録として印刷されたものも一・二に留まらなくなった。それら内から、日本近世の仏教と真宗の思想史を対象としたものを選びだして一冊としたのが本書である。各講演は、十数年の間に、異なる趣旨の下に、相互に関係なく語られたものであるから、それらを集めた本書は、一貫した筋道に従って構成されたものではもとよりない。それでも、民衆思想史からの近世仏教と真宗の思想史論という大筋において、むしろ絡み合っている。

本書の構成を簡単に解きほぐしておきたい。第一の講演は、徳川将軍権力と仏教の関係論及び民衆による近世仏教の形成論を主軸にして仏教住み付きを論じたもので、私の近世仏教の全体像ないしは総論となっている。その内の権力・民衆と仏教というテーマを各論的に展開したのが第二、第三の講演で、以上が近世仏教思想史論として前半部を構成する。後半部はその全体像の内での真宗教学・信仰を対象としたものである。後半部の始めの第四は、近世真宗の思想史的研究状況を紹介しながら、真宗教学と信仰の捉え方を述べたもので、後半部の総論に位置する。その内の、「いつとなしの救済」の教学の成立に焦点をあてての教学史・信仰史が第五、さらにそのような信仰の具体相として原稲城という人物を取り上げたのが第六である。最後の第七は、近世成立と考える『蓮如上人遺徳記』とその応化思想を取り上げ、近世真宗を民衆信仰史から照射したものである。

そもそも本書は、大谷大学を退職するに当たっての卒業生の会参加者への記念として、講演録を編もうと考えたことに始まる。すでに印刷になっていた本書の第一の講演と、まもなく印刷される予定の第二の講演をあわせた小冊子を考えた。そこから思いは、他の講演録あるいはテープ起こしが出来ているものへと広がっていった。それならと、それらを集めて目を通して見ると、重複がかなり目立ち、一冊とすることが躊躇された。それにもかかわらず出版に踏み切ったのは、それなりの理由があってのことである。ながらく日の目を見なかった近世の仏教・真宗の思想史研究が、いま注目を集め始めている時に、それに答えることが長年この研究に従事してきた者の務めではないか、また、近世仏教思想史が思想史として成り立ち、それを組み込む事で近世思想史が新しく構想しうるのではないか、などの思いが、ためらいを振り切らせた。それなら、本書の講演の元になった研究論文を集成して世に問うのが本筋であろうが、その余力の無いままに、また近世仏教研究を一般的にアッピールするには、この方がふさわしいと考えてのことである。また講演という性格から、随所で近代・現代の問題に触れているが、それも世に問うてみたかった。

思えば、民衆思想史という営為は、須弥山の頂上に住む帝釈天に、海底の深みから地を這うようにして攻め上り、果てしなき戦いを挑み続ける修羅の仕業に似ている。近世思想史の帝釈天は儒学思想史、そして真宗思想史のそれは親鸞思想。通俗道徳や民衆宗教、真宗門徒の信仰などの研究を振りかざす修羅を、帝釈天はまともに相手にしてくれない。いらだつ修羅。本書に収録した講演の過半が大谷大学を会場にしながら、真宗教学への批判的言辞を弄しているのは、いらだった修羅の仕業である。かつて大谷大学において真宗史学は、歴史的事実の考証を任とする帝釈天の下僕であった。民衆思想史が実証よりも論証や解釈を標榜したとき、修羅という宿命が与えられた。本書は、民衆思想史という修羅の、悲しい営みの記録でもある。

講演の機会を与えられ、その記録の転載をご許可いただいた駒澤大学禅研究所・真宗大谷派金沢教区教学研究室、そして大谷大学・大谷学会に厚く御礼を申しあげたい。またにわかな出版の願いを叶えていただいた法藏館社長西村七兵衛氏、同編集長上別府茂氏、さらにはテープ起こしでお世話になった大谷大学大学院生松金直美さんには、深々の謝意を表するものである。

大桑　斉

癸未の歳　大寒の終りの日に

参考文献一覧（本書掲載の講演のベースとなったもの、および文中に題名の出る大桑の著書・論文の一覧）

［著書］

①『寺檀の思想』教育社歴史新書、ニュートンプレス、一九七九

②『日本近世の思想と仏教』法藏館、一九八九

③『蓮如上人遺徳記読解』真宗大谷派宗務所、二〇〇二

［論文］

①「仰誓の立場と『親聞妙好人伝』」（仏教史学会三十周年記念『仏教の歴史と文化』同朋舎出版、一九八〇、のち朝枝善照編『妙好人伝研究』永田文昌堂、一九八七、再録）

②「近世民衆仏教の形成」（『日本の近世』1、中央公論社、一九九一）

③「近世初期民衆思想史研究―『心学五倫書』と『恨の介』」（大谷大学研究年報43、一九九二）

④「煩悩即菩提の思想史・寛永編―『露殿物語』と『七人比丘尼』」（大谷学報74-3、一九九五）

⑤「恋を菩提の橋となし―煩悩即菩提の思想史・近松編」（衣笠安喜編『近世思想史の現在』思文閣出版、一九九五）

⑥「江戸真宗の信仰と救済―〈いつとなしの救済〉」（江戸の思想1、一九九五）

⑦「仏教的世界としての近世」（季刊日本思想史48、一九九六）

⑧「幕末在村知識人と真宗―原稲城における「我」の形成」（日本思想史学29、一九九七）

⑨「『松平崇宗開運録』覚書―解題にかえて」（科学研究費成果報告『近世における仏教治国論の史料的研究』二〇〇〇）

⑩「都市文化の中の聖と性」（『岩波講座近代日本の文化史』2）、岩波書店、二〇〇一

⑪「徳川将軍権力と宗教」（『岩波講座天皇と王権を考える』4）、岩波書店、二〇〇二

講演ならびに掲載一覧

日本仏教の近世
駒澤大学禅研究所公開講演会
二〇〇〇・一〇・二四
駒澤大学禅研究所年報12、二〇〇一・一一
日本近世の聖なるもの――徳川王権と都市
大谷学会公開講演会、二〇〇二・五・二四
大谷学報82―2、二〇〇三・三
思ふこと叶はねばこそうき世なれ
大谷大学御命日講話、一九九〇・六・二八
大谷大学広報委員会編『伝統と創造』7
一九九二・三・二五
江戸の真宗――研究状況と課題
真宗大谷派金沢教区教学研究室特別講義
一九九三・六・一四
真宗大谷派金沢教区教学研究室編『白道』5
一九九六・六・三〇

いつとなしの救済――江戸真宗の救済と信仰
大谷大学暁天講座、一九九九・七・二一
（大谷大学図書館所蔵録音テープから）
ある真宗門徒の幕末
大谷大学暁天講座、二〇〇〇・七・二五
（同右）
民衆思想史の真宗―『蓮如上人遺徳記』と応化の観念―
大谷大学御命日講話、二〇〇二・一〇・二八
（大谷大学企画調整室による録音テープ起こし
原稿から）

大桑　斉（おおくわ　ひとし）

1937年石川県金沢市に生まれる。60年金沢大学法文学部史学科卒業。67年大谷大学大学院博士課程満期退学。74年同大学専任講師，のち助教授を経て，84年同大学教授。この間，同大学図書館長・同大学院文学研究科長・仏教史学会会長ほかの要職を務める。博士（文学）。
主要な編著書は，『寺檀の思想』（ニュートンプレス，79年），『日本近世の思想と仏教』（法藏館，89年），『シンポジウム〈徳川イデオロギー〉』（編著，ぺりかん社，96年），『論集 仏教土着』（編著・法藏館，2003年）など多数。

日本仏教の近世

二〇〇三年三月一五日　初版第一刷発行

著　者　大桑　斉

発行者　西村七兵衛

発行所　株式会社　法藏館

京都市下京区正面通烏丸東入
郵便番号　六〇〇-八一五三
電話　〇七五-三四三-〇〇三〇（編集）
　　　〇七五-三四三-五六五六（営業）

印刷・製本　日本写真印刷株式会社

ISBN4-8318-7480-9　C1021